高等院校学前教育专业系列教材

学前儿童语言教育与活动指导

主 编 李俊梅 刘雅君 屈艳娜

副主编 张凤英

西安电子科技大学出版社

内 容 简 介

　　本书根据学前儿童语言发展的规律和特点，基于主流教育教学基本理论，以《3～6 岁儿童学习与发展指南》《幼儿园教育指导纲要 (试行)》《中国儿童发展纲要 (2021—2030)》《幼儿园教师专业标准 (试行)》《学前教育专业师范生教师职业能力标准 (试行)》等学前教育指导性文件精神为依据编写而成。全书共十二章，内容包括学前儿童语言教育概述、学前儿童语言发展的规律与教育、学前儿童语言教育的目标与内容、学前儿童语言教育的方法与途径、学前儿童语言教育的评价、文学作品活动、谈话活动、讲述活动、听说游戏、早期阅读活动、故事讲述技巧训练、幼儿园语言教育活动说课的基础理论及流程等。

　　本书可作为高等院校学前教育专业的教材，也可作为从事学前教育工作的社会人员的学习参考书，还可供幼儿园教师培训使用。

图书在版编目（CIP）数据

学前儿童语言教育与活动指导 / 李俊梅，刘雅君，屈艳娜主编 . -- 西安：西安电子科技大学出版社，2023.6

ISBN 978-7-5606-6851-2

Ⅰ . ①学… Ⅱ . ①李… ②刘… ③屈… Ⅲ . ①学前儿童—语言教学—教材 Ⅳ . ①G613.2

中国国家版本馆 CIP 数据核字 (2023) 第 080016 号

策　　划	李鹏飞	
责任编辑	李鹏飞	
出版发行	西安电子科技大学出版社 (西安市太白南路 2 号)	
电　　话	(029)88202421　88201467	邮　　编　710071
网　　址	www.xduph.com	电子邮箱　xdupfxb001@163.com
经　　销	新华书店	
印刷单位	陕西精工印务有限公司	
版　　次	2023 年 6 月第 1 版　　2023 年 6 月第 1 次印刷	
开　　本	787 毫米 × 1092 毫米　1/16　　印　张　10.5	
字　　数	246 千字	
印　　数	1 ～ 3000 册	
定　　价	35.00 元	

ISBN 978-7-5606-6851-2 / G

XDUP 7153001–1

*** 如有印装问题可调换 ***

前　言

　　本书是宣化科技职业学院学前教育专业语言教学团队集体研究、总结提炼的成果，也是多年校企（幼儿园、幼乐美）合作的研究成果。本书的编者之一李俊梅主持了多年的校本精品课程"幼儿教师语言核心技能培养——学前儿童语言教育与活动指导"以及2020—2021智慧职教慕课学院在线精品课程"学前儿童语言教育活动指导"，另一编者刘雅君于2021年7月开始主持河北省提质培优项目建设（智慧职教慕课学院省级在线精品课程）——"学前儿童语言教育活动指导"课程建设，她们均具有丰富的教学经验和深厚的理论素养。

　　本书的特色主要体现在以下几个方面。

　　(1) 岗、证、赛融合，模块化组织教材内容。

　　本书的第一章至第五章集中介绍学前儿童语言教育的基本理论，内容包括学前儿童语言教育概述、学前儿童语言发展的规律与教育、学前儿童语言教育的目标与内容、学前儿童语言教育的方法与途径、学前儿童语言教育的评价等。

　　第六章至第十章结合幼儿教师语言教育岗位的需求，重点介绍不同语言教育活动（如文学作品活动、谈话活动、讲述活动、听说游戏、早期阅读活动）的设计与组织指导，通过案例分析、模拟讲课练习等实践环节培养学生的语言教育实践能力，使其能熟练、科学地设计语言活动方案并组织实施，具备幼儿教师语言教育所需的基本能力。

　　第十一章、十二章结合幼儿教师工作岗位的教育科研活动需求以及高职院校学前教育职业技能大赛项目要求，重点介绍故事讲述技巧训练、幼儿园语言教育活动说课的基础理论及流程，旨在培养学生的故事讲述技巧，提升说课水平，使其成为素质强、潜力大、上手快、适应期短的优秀幼儿教师。

（2）理论"够用"。

本着理论知识"够用"的原则编写教材。基于学前儿童语言教育的基本观点、学前儿童语言发展的规律与教育、学前儿童语言教育的目标与内容，依据高职学生的认知特点及将来工作岗位的基本需求，本书理论篇（第一章至第五章）的表述力求浅显易懂，行文活泼生动，语言努力贴近高职学生自身和将来的工作对象——学前儿童的生活。

（3）实践导向。

本书内容高度契合职业岗位需求，通过实践训练着力提升幼儿教师自身的语言素养和语言教育的核心技能。本书实践篇（第六章至第十章）和提升篇（第十一章、十二章）建议占总教学时数的二分之一到三分之二。

（4）互联网＋背景新型教材。

本书所附视频是本教学团队在线精品课程视频，与教材内容互为补充。另外，本书还配有电子资源包，便于教师开展线上线下混合式教学，既丰富了学习资源，又拓展了教学平台。

本书第一章至第六章由李俊梅编写，第七章、第九章和第十二章由刘雅君编写，第八章和第十一章由屈艳娜编写，第十章由张凤英编写。刘雅君、屈艳娜、席江艳、王玉、张文丽录制了微课视频，并制作了PPT、教案、测试题等电子资源；讲故事、说课、模拟讲课的视频是教学过程中收集到的本校优秀学生作品。全书由李俊梅统稿。

宣化区观桥幼儿园武雅丽园长、宣化区幼儿园李建华园长以及两所幼儿园的骨干教师对本书的编写提出了重要意见，在此表示感谢。

在本书的编写过程中，编者参考了部分国内外专家、学者的观点及文献资料，在此向相关作者表示衷心的感谢。

由于编者水平有限，书中难免存在不妥之处，敬请各位读者批评指正。

李俊梅

2023 年 2 月

目 录 CONTENTS

理 论 篇

第一章　学前儿童语言教育概述 ……………………………………………… 2

　第一节　学前儿童语言教育的基本观点 ……………………………………… 2

　第二节　学前儿童语言发展的意义 …………………………………………… 5

第二章　学前儿童语言发展的规律与教育 …………………………………… 10

　第一节　学前儿童语言发展的阶段性规律 ………………………………… 11

　第二节　学前儿童语音发展与教育 ………………………………………… 15

　第三节　学前儿童词汇发展与教育 ………………………………………… 19

　第四节　学前儿童语法发展与教育 ………………………………………… 22

　第五节　语言发展特点在语言教育中的意义 ……………………………… 24

第三章　学前儿童语言教育的目标与内容 …………………………………… 27

　第一节　学前儿童语言教育的目标 ………………………………………… 27

　第二节　学前儿童语言教育的内容 ………………………………………… 37

第四章　学前儿童语言教育的方法与途径 …………………………………… 41

　第一节　学前儿童语言教育的方法 ………………………………………… 41

　第二节　学前儿童语言教育的途径 ………………………………………… 43

第五章　学前儿童语言教育的评价 …………………………………………… 49

　第一节　学前儿童语言教育评价的作用和原则 …………………………… 50

　第二节　学前儿童语言教育评价的主要种类及评价步骤 ………………… 52

　第三节　学前儿童语言教育评价的内容和方法 …………………………… 53

实 践 篇

第六章　文学作品活动 ………………………………………………………… 58

　第一节　文学作品活动概述 ………………………………………………… 59

　　第二节　故事教学活动的设计与组织指导 65

　　第三节　诗歌、散文教学活动的设计与组织指导 73

　　第四节　谜语、绕口令教学活动的设计与组织指导 76

第七章　谈话活动 79

　　第一节　谈话活动概述 80

　　第二节　谈话活动的设计与组织指导 83

第八章　讲述活动 87

　　第一节　讲述活动概述 88

　　第二节　讲述活动的语言教育目标与活动类型 92

　　第三节　讲述活动的设计与组织指导 95

第九章　听说游戏 100

　　第一节　听说游戏概述 101

　　第二节　听说游戏的语言教育目标 106

　　第三节　听说游戏的设计与组织指导 107

　　第四节　听说游戏的评价 110

第十章　早期阅读活动 112

　　第一节　早期阅读活动概述 113

　　第二节　早期阅读活动的设计与组织指导 120

　　第三节　绘本的阅读 123

提 升 篇

第十一章　故事讲述技巧训练 130

　　第一节　体态语与心理素质训练 131

　　第二节　声音训练 135

　　第三节　语感训练 137

第十二章　幼儿园语言教育活动说课的基础理论及流程 145

　　第一节　幼儿园语言教育活动说课的基础理论 146

　　第二节　幼儿园语言教育活动说课的基本流程 150

参考文献 162

理论篇

第一章　学前儿童语言教育概述

```
                                                    ┌─ 完整的教育观
                         学前儿童语言教育的基本观点 ──┼─ 整合的教育观
                                                    └─ 活动的教育观
学前儿童语言教育概述 ──┤
                                                    ┌─ 促进认知发展
                         学前儿童语言发展的意义 ────┼─ 促进个性发展
                                                    ├─ 促进社会性发展
                                                    └─ 促进情感发展
```

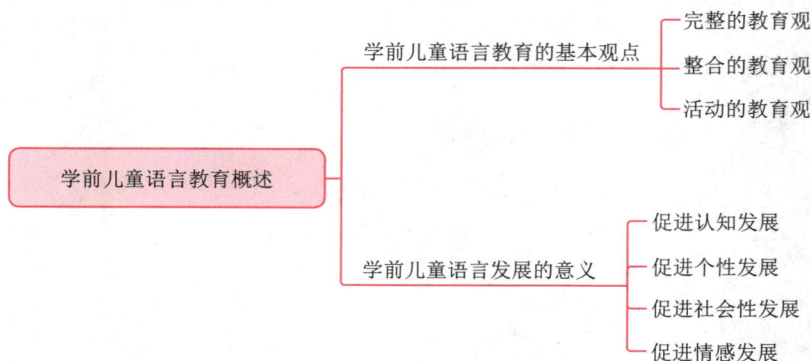

　　学前儿童语言教育是一门研究学龄前 (0～6 岁) 儿童语言发生发展的现象、规律以及如何以此为依据进而开展 0～6 岁儿童语言教育的学科。本学科以学前儿童身心发展规律尤其学前儿童语言发展的特点和规律为出发点，基于现代学前教育儿童观、教育观，依据教育的一般原则特别是学前教育特殊原则，灵活运用各种现代教育方法对学前儿童有目的、有计划地施加影响，使其语言方面发生预期变化，积极促进其语言发展。

第一节　学前儿童语言教育的基本观点

一、完整的教育观

　　(1) 学前儿童语言教育目标是完整的。

　　完整的语言教育目标应该包括培养儿童听、说、读、写四个方面的情感态度、认知和能力。对学前儿童来说，主要是培养他们的听、说能力和良好的听、说习惯，同时使他们获得早期的读写技能，为他们进入小学进行正规的读写训练做前期准备。在进行语言教育时一定要注意将积极愉快的情感体验作为推进语言活动的润滑剂。语言认知、能力、情感态度目标缺一不可。在所有的目标中，培养学前儿童的语言运用能力，特别是提高学前儿童的语言核心操作能力应当成为语言教育的重点。

(2) 学前儿童语言教育内容是全面的。

全面的语言教育内容是指在学前儿童语言教育中，既要引导学前儿童学习口头语言，也要引导学前儿童学习书面语言；既要让学前儿童理解和运用日常交往语言，也要引导学前儿童学习文学语言。整合的语言教育内容是指在选择和编排语言教育内容时，要把语言视为一个整体，而不是将教学切割成分离的技能成分。

(3) 学前儿童语言的学习是先功能后形式的学习。

在语言发展过程中，学前儿童首先知道语言是可以用来满足交际需要的，再去选择合适的语言。学前儿童在说话之前就已经掌握母语系统中所有的单词，在学会阅读之前就已经掌握所有字词的拼写，这样的情况是不可能发生的。事实上，他们在未完全掌握成人的语言之前就能够与人交谈，在掌握语法规则之前已经能够说出较长的句子。学前儿童使用语言是因为他们有交际的需要，他们根据交际需要不断地试用语言形式，不断地纠正语言错误，从而正确掌握了语言形式。在这个过程中，成人的积极反馈以及对学前儿童语言错误的宽容态度起了相当大的作用。

(4) 学前儿童语言教育活动过程应该是真实的、形式多样的。

完整的语言教育观强调教育活动的真实性，即教师在组织活动时应着眼于创设真实的双向交流情境，使语言教育的过程成为教师与学前儿童共同参与的、积极互动的过程，这是因为学前儿童的语言必须在一定的情境中使用才能真正得到发展和体现。语言教育提倡以教师和学前儿童共同参与的活动作为语言教育的基本形式，活动的形式应该多样化。教师要为学前儿童提供动脑、动口、动手的生活环境和学习材料，促使学前儿童成为主动的学习者。在专门的语言教育活动、日常语言教育活动中，要随时随地开展语言教育，展现给学前儿童一个完整的、真实的语言学习环境。

二、整合的教育观

儿童语言学习与语言教育，尤其是当今学前儿童语言教育，已经步入整合教育观的阶段。新的生活方式对新型人才的突出要求便是人际沟通交流的能力，谁具备了较好的语言交际能力，谁便能在未来的生活与发展中获得更多的机会和更大的成功的可能性。从这一点出发，儿童自小学习和掌握的语言，应是活的语言，是具有明显应变色彩的语言，并且是与他们其他方面发展相辅相成、互为支柱的语言。因此，陈旧的单纯语言训练的观念、方式均已无法适应如今的需要，而在整合观指导下的学前儿童语言教育已脱颖而出。整合的语言教育观是把学前儿童语言学习看成一个整合的系统，充分意识到学前儿童语言发展与其认知、情感等方面的发展是整合一体的关系。在语言发展过程中，学前儿童对每一个新词、每一种句式的习得，都是整个学习系统调整、吸收与发展的结果。离开了学前儿童发展的其他方面，语言学习是不可能成功的。与此同时，学前儿童语言学习的每一点收获，都对他们其他方面的发展起到了良好的促进作用。基于这样的观念，在开展学前儿童语言教育的时候，应始终将语言教育作为学前儿童教育整体中的一部分来看待，加强学前儿童语言教育与其他方面教育之间的联系。把语言学习与其他方面知识学习、能力发展割裂开来的做法，即对学前儿童进行纯语言教学的做法是不合适的，不应采纳。

1. 语言教育目标的整合

整合的教育观首先表现在语言教育目标的整合上，要求在制订学前儿童语言教育目标时，既要考虑完整语言各组成成分的情感、能力和知识方面的培养目标，也要考虑与语言相关的其他领域的目标，还要考虑哪些语言教育的目标可以在其他领域的教育中得以实现，使语言教育目标成为以促进学前儿童的语言发展为主线，同时促进学前儿童其他方面的发展的整合的目标体系。只有树立了整合的语言教育目标意识，才能实现语言教育内容和方式的整合。

2. 语言教育内容的整合

卡洛·乌尔福克和伦奇在他们的语言学习"整合观模式"中指出，儿童语言的发展有赖于三种知识的整合习得：社会知识、认知知识和语言知识。因此，当代学前儿童语言教育内容是以这三种知识为主的整合。学前儿童语言教育内容的整合，要求教育工作者在设计、选择教学内容时，充分考虑社会知识、认知知识和语言知识的有效结合，考虑教学内容在这三个方面都对学前儿童具有积极的挑战意味，考虑学前儿童在学习时获得整个语言学习系统的调整和接纳。在这里特别指出，语言教育内容的整合是渗透在教育整体各个方面的语言学习机会的整合。正如语言教育中融合了其他方面的教育一样，其他方面的教育也从不同角度对学前儿童语言学习提出了要求，并帮助学前儿童学习不同情境、不同性质活动中语言的应变。因此，教育工作者为学前儿童提供的语言教育内容，实质上是与他们的语言学习系统进行交互的环境组成部分。

3. 语言教育方式的整合

语言教育目标与内容的整合牵制着语言教育方式的整合走向。语言教育方式整合的突出特点是以活动的组织形式来建构语言教育内容，其中包括专门的语言活动以及与其他活动相结合的语言活动。在这样的学习中，语言知识、认知知识、社会知识交融汇合在语言操作实践中，并继续对环境产生良性反馈作用。语言教育内容与方式的整合，构成了良好的语言教育环境，在这一环境下，学前儿童不再单纯地为学说话而学说话，不再被动地接纳教师传授的语言来学知识，他们在整合的语言教育环境中获得的是语言和其他方面共同发展的机会，他们是主动探求并积极参与的语言加工创造者。

三、活动的教育观

活动的教育观具体体现在教育过程中，它要求教师更多地为学前儿童提供充分操作语言的机会，鼓励学前儿童以多种方式操作语言，发挥学前儿童在活动中的主体地位和教师在活动中的主导作用等。

(1) 为学前儿童提供充分操作语言的机会。

学前儿童的语言发展是通过学前儿童个体与外界环境中各种语言和非语言信息的交互作用而逐步实现的。学前儿童发展需要外界环境中人、事、物的各种信息，但这些信息不是由成人灌输去强迫学前儿童接受的，而是学前儿童在没有压力、非强迫的状态下，通过自身积极地与之相互作用而主动获得的。学前儿童语言教育便是引导学前儿童积极地与语言及其相关信息进行相互作用的过程。

(2) 鼓励学前儿童以多种方式操作语言。

学前儿童的语言发展有赖于认知的发展，而认知的发展主要依靠学前儿童自身的动作。0 ～ 3 岁儿童以动作思维为主，3 ～ 6 岁儿童以具体形象思维为主，6 ～ 12 岁儿童以抽象逻辑思维为主，所以学前儿童对客观事物的认识主要依赖自身的各种操作活动，通过动手、动脑或手脑并用的操作来发生与环境的交互作用，在亲身体验中增强运用语言的积极性，获得成功的体验。对操作材料的探索激发了学前儿童学习的内在兴趣和动机，使学前儿童的学习由被动学习转为主动学习，真正实现了以活动的形式促进其语言的发展。

(3) 发挥学前儿童在活动中的主体地位和教师在活动中的主导作用。

所谓学前儿童的主体地位，是指在设计、组织活动时充分考虑内容和形式以适应学前儿童的发展水平和需要，学前儿童在活动过程中始终有积极的动机、浓厚的兴趣和主动的参与精神，而不是消极被动的受教者。活动为每个参与者提供适合他们发展特点与需要的环境条件。教师在学前儿童活动中应从旁引导，扮演促进学前儿童积极参与、良性发展的角色。

教师在语言活动中的主导作用主要体现在以下几个方面：

① 活动前，教师通过为学前儿童创设良好的语言教育环境 (如语言材料、操作材料、适当的语言环境和氛围等) 来体现教师有关教学目标的构想，安排和组织学前儿童与一定的语言材料、相关的信息材料相互作用。

② 活动过程中，教师通过提示、提问、讲述、暗示或示范等方法，指导学前儿童感知和探索，帮助学前儿童找到获得知识的途径，从而引导学前儿童完成学习任务。在学前儿童与环境相互作用的关系中，教师往往成为一种中介力量，设计环境并指导学前儿童去与环境交互。

③ 根据学前儿童不同的特点，因材施教，同时帮助他们找到行之有效的学习方法，顺利完成学习任务。教师的主导作用发生在对全班提出统一要求时，根据自己对每个学前儿童发展特点的了解，有针对性地给予指导，争取让每个学前儿童都得到进步。

④ 活动结束时，教师及时点评，总结学前儿童活动的成果，找出其身上的闪光点，同时提出新要求，使学前儿童明确还有更高的目标，为下一个环节的活动奠定基础。

第二节　学前儿童语言发展的意义

语言发展是学前儿童德、智、体、美全面发展的重要组成部分，也是基础组成部分，在学前儿童认知、个性、社会性、情感诸方面全面和谐健康发展中起着重要的奠基及支撑作用，也发挥着积极的推动、促进作用。

语言是人类思维的工具，是认知能力的一种表现形式，能调节、控制人的行为；语言也是社会交往的工具，是儿童社会化、个性发展的重要标志。

学前儿童语言发展的意义如下所述。

一、促进认知发展

学前儿童语言与认知相互促进、共同发展。一方面，学前儿童的认知发展水平决定语言发展水平。学前儿童的认知处在前运算阶段，只能理解和掌握情境性很强的语言，而理解和掌握抽象或概括性高的词、结构复杂的语法则有赖于形式运算等更高认知水平的发展。另一方面，作为一种心理表征符号，语言一旦被个体所理解和掌握，就能够对认知的发展起推动和加速作用，主要表现为增加认知的速度、广度和强度，使认知过程具有极大的主动性和普遍性。没有语言这种工具，个体的认知始终停留在个人的心理层面。

1. 加深和巩固学前儿童初步形成的概念

概念是人脑对客观事物一般特征和本质特征的反映，是以词为标志在概括的基础上形成的，受概括水平的限制。心理学研究表明：学前儿童思维的主要特点是动作性和具体形象性，他们的思维主要依赖自身的动作、事物的具体形象或表象以及它们的彼此联系来进行，并不主要凭借概念、判断和推理来进行。语言作为思维的工具，在概念的形成、同化、巩固以及思维的发展过程中起重要作用。语言的发展对概念的形成和发展的作用主要表现在以下几个方面。

(1) 借助词来命名。

借助词来命名就是用词来表示事物的名称、形态、习性等。有了这些词的命名，学前儿童对有关事物及其属性的感知才能从具体的形象趋向概括，形成和巩固其概念。

(2) 借助语言发现事物之间的异同点。

借助语言发现事物之间的异同点就是通过语言描述、比较，发现认识对象的不同点和相同点。学前儿童经验贫乏，知觉的精确性差，在认识类似事物时，常常发生混淆，而语言则能详细、具体甚至精准地揭示其差异。

(3) 借助语言获得新的概念。

语言的产生和发展，扩展了学前儿童的认识范围，使其不仅可以直接认识事物，而且能够间接地、概括地认识事物。例如：在语言的作用下，幼儿晚期开始理解"动物""植物""家具"等类概念，将猫、狗、鸡、鸭、老虎、熊、牛等归为动物，并对"勇敢""喜欢""分享""讨厌"等抽象的概念有了一定程度的认识。

2. 指导并参与认知加工过程

在学前儿童从直接的动作思维向具体形象和抽象概括思维发展的过程中，语言起到了重要的作用。一方面，语言在学前儿童进行直观动作、表象思维的过程中起到了指导作用，使感知和表象具有了一定的目的性和方向性；另一方面，语言直接参与了学前儿童有意注意、有意记忆以及初步分析、判断、推理等抽象思维的过程。学前儿童的认知对象不仅涉及当前直接感知的事物，而且涉及一些不能直接感知的事物，语言可以使学前儿童脱离现实而进行初步的逻辑思维。

语言在指导并参与认知加工的过程中主要有以下作用：

(1) 语言的产生和发展丰富了学前儿童的认知范围。

(2) 语言的概括和调节作用使学前儿童的认知加工逐步具有随意性和自觉性。

(3) 语言的指代和中介作用促进了学前儿童理解、判断和推理能力的形成与发展。

3. 促进创造性思维的发展

创造性思维是指根据一定的目的，运用已有信息，产生出某种新颖、独特、有社会或个人价值的产品的过程。语言的发展对学前儿童的创造性思维的萌发和发展起到了推动作用。

(1) 学前儿童的语言发展直接导致某些自造概念的出现。

例如，幼儿园请一位姓方的专业老师来指导幼儿活动，小班幼儿会自发地将这位年龄较大的老师称为"外婆老师"，"方老师"的称谓对这个班的幼儿来说是不熟悉的和难以记忆的，相比而言，老师与外婆相近的形象却是幼儿熟悉的，于是"外婆老师"就应运而生了。这是幼儿期语言引发创造的比较普遍的现象。

(2) 语言发展使学前儿童创造性地运用语言成为可能。

学前儿童经常会根据学到的句子、故事、诗歌的结构，结合自己的生活经验自发地或在老师的指导下进行诗歌仿编和故事表演等，这些都是语言和创造性思维结合的结果。

二、促进个性发展

个性通常指个人具有的比较稳定的、有一定倾向性的心理特征的总和，包括气质、性格、动机、兴趣、意志、理想等。个性心理特征调整着个体心理过程的进行，影响人的外显和内隐行为，因此个性是心理及行为的动力来源。

(1) 学前儿童自我意识的萌芽状态出现于 2 岁左右。其进一步发展与自我词汇的掌握密切相关。

(2) 语言的发展可使学前儿童得到巨大的个人乐趣和满足，从而导致个人或社会性行为的良好调节，对学前儿童性格的形成和发展带来积极影响。

语言的发展，使学前儿童有可能与成人直接进行语言交往，学前儿童通过自己观察周围其他人对事物的态度、行为方式和成人化方式，直接或间接学习为人处世的方式，获得有关"什么是礼貌的行为""什么叫诚实"等经验。

三、促进社会性发展

儿童社会化是指儿童在一定的条件下逐渐独立地掌握社会规范，正确处理人际关系，妥善自治，从而客观地适应社会生活的心理发展过程。儿童社会性发展的特征表现在以下几个方面：他们大都不甘寂寞，喜欢与同伴一起玩，而且游戏的关系由比较疏松的撮合到比较协调的、有规则约束的结合，社会化程度大大提高。影响儿童社会化的条件有社会环境系统、生物因素和心理工具，其中心理工具是指儿童的符号系统，主要是指语言。语言的发展帮助儿童逐步发展对外部世界、对他人和对自己的认识，使儿童的社会性发展得以正常进行。

语言发展对学前儿童社会性发展的促进作用主要表现在以下两个方面。

1. 提高社会交往能力

随着语言能力的提高，学前儿童的社会交往能力也得到了大大改善。有了语言之后，个人的内心活动就可以彼此交流了，而思维的发展也促使自己把这种思维告诉他人。

(1) 学前儿童可以使用语言讲出自己的感受和需要，让成人或同伴及时了解自己或引起他人的注意。能用语言清楚地表达自己情感的学前儿童通常能够受到他人的欢迎和喜欢，其情感可获得极大的满足。

(2) 学前儿童可以通过语言理解行为规范、评价标准，使用语言来尝试自我调节控制，逐步做出符合要求的社会性行为。

例如，在与他人交际时，学前儿童通过"听"这一感受方式听懂、理解了一些与人相处的行为规范，通过"说"来表达自己的感受，通过自我命令式语言调控自己的情绪和行为 (如我不吃、我不生气)。"说"的语言交际功能使学前儿童逐渐学会使用语言表述而不是使用身体动作的侵犯来表达不满、愤怒等负面情绪，学会通过语言协商而不是通过发脾气或其他粗暴行为来解决与他人之间的争端或冲突。

2. 促进学前儿童道德的发展

学前儿童的道德行为和道德判断是在学前儿童掌握言语以后才逐步产生的，而且多少包含了一些意志行动的成分在内。语言获得初期，随着在日常生活中自己良好的行为获得成人"好""乖"的评价，学前儿童能在成人要求的前提下做出一些合乎道德要求的行为。随着语言和认知的进一步发展，3 岁后学前儿童的道德感开始形成，他们通过交往和模仿学习，逐渐掌握了一些行为规范和道德标准，还开始关心他人的行为是否符合道德标准并由此产生相应的满意或不满的情感，各种道德习惯也逐渐养成。

四、促进情感发展

情感是人的需要是否得到满足而产生的内心感受和体验，人的任何活动都必然伴随着相应的内心情感体验。而语言则和这种情感体验融合混杂，密不可分。

(1) 语言是情绪情感的感受和体验的表征系统之一。

语言可以界定和描述情感，它能使学前儿童认识和理解自身某种情感的性质、意义，并且用语言把情感表达出来，从而与他人进行积极有效的情感交流。

比如，和妈妈离别的时间长到一定程度，学前儿童可能心里会产生一种说不清道不明的特殊感受 (如情绪不稳定、坐立不安、想哭、不想吃东西、平常喜爱的玩具也没有多大吸引力)，但自己不能明确意识到这种情感体验的产生原因，不知道它的实质是什么、对自己意味着什么，也不知道怎样和其他大人诉说，只能莫名其妙、不安难受。此时如果大人问他"你是不是想妈妈了？"，学前儿童立刻就会点头承认，如此一来才知道原来这种感受叫"想"妈妈，接着才会进一步明确表达诉求"妈妈，我想妈妈，我要见妈妈！"

(2) 语言发展促进学前儿童情感体验的广度、深度的发展。

语音、语词本身有社会约定俗成的表征意义，词汇的扩展可以丰富学前儿童情感体验的种类、深度等，促进情感的发展。

比如，较小的学前儿童没有听过"骄傲"这个词，没有直观了解，对其没有概念，不知道其发音和意义。但经过教师组织的文学作品活动《骄傲的大公鸡》的学习，通过语音、语词、图画的结合，视、听、讲、练的结合，游戏和表演的结合，活动和体验的结合，声情并茂、形象生动地展示了什么是"骄傲"。儿童不但学会了"骄傲"这一语词的发音，理解了其意义，丰富了自己的词汇，而且拓宽了情感体验的内容或类型，增加了情感体验的广度和深度。

(3) 语言对情感具有调节控制作用。

随着语音、词汇、语法、语用技能和语言形式的发展，儿童理解、体认自身情感，表达情感以及通过语言调节控制自身情感的能力必将同步提高。

总之，语言能促进学前儿童认知、个性、社会性、情感等各方面的发展。

学前儿童语言教育的意义　　　　　学前儿童语言教育的原则

【本章思考练习】

1. 简述学前儿童语言教育的基本观点。
2. 简述学前儿童语言发展的意义。

第二章　学前儿童语言发展的规律与教育

【思维导图】

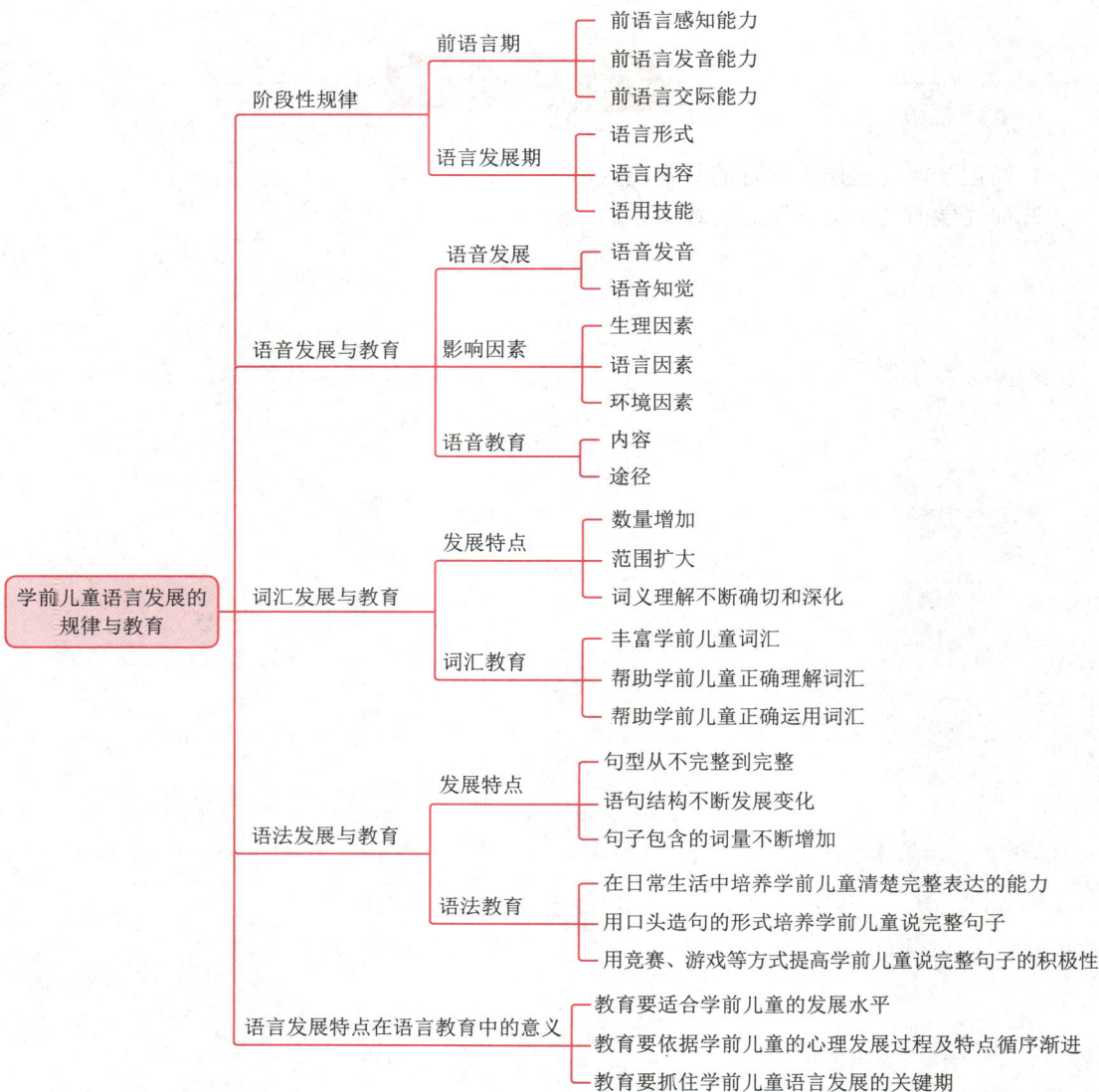

学前儿童语言发展的规律与教育

- 阶段性规律
  - 前语言期
    - 前语言感知能力
    - 前语言发音能力
    - 前语言交际能力
  - 语言发展期
    - 语言形式
    - 语言内容
    - 语用技能
- 语音发展与教育
  - 语音发展
    - 语音发音
    - 语音知觉
  - 影响因素
    - 生理因素
    - 语言因素
    - 环境因素
  - 语音教育
    - 内容
    - 途径
- 词汇发展与教育
  - 发展特点
    - 数量增加
    - 范围扩大
    - 词义理解不断确切和深化
  - 词汇教育
    - 丰富学前儿童词汇
    - 帮助学前儿童正确理解词汇
    - 帮助学前儿童正确运用词汇
- 语法发展与教育
  - 发展特点
    - 句型从不完整到完整
    - 语句结构不断发展变化
    - 句子包含的词量不断增加
  - 语法教育
    - 在日常生活中培养学前儿童清楚完整表达的能力
    - 用口头造句的形式培养学前儿童说完整句子
    - 用竞赛、游戏等方式提高学前儿童说完整句子的积极性
- 语言发展特点在语言教育中的意义
  - 教育要适合学前儿童的发展水平
  - 教育要依据学前儿童的心理发展过程及特点循序渐进
  - 教育要抓住学前儿童语言发展的关键期

学前儿童语言发展是指个体对母语理解和产生的过程，包括语音、词汇、语法三个方面从量变到质变的连续发展变化。这个发展过程受生理机制成熟和认知能力发展的制约，呈现出固有的发展顺序和阶段。理解学前儿童语言发展的过程及特点，是制订语言教育目标的依据，也是探讨语言教育规律的依据。

第一节　学前儿童语言发展的阶段性规律

心理学的观察和研究表明，儿童语言的发展遵循一定的规律，具有阶段性。学前儿童语言发展过程分为前语言期和语言发展期两大阶段。

一、前语言期

有学者认为，前语言阶段是一个在语言获得过程中的语音核心敏感期。围绕着语音，学前儿童发展了三方面的能力，即前语言感知能力、前语言发音能力和前语言交际能力。

1. 前语言感知能力的发展

前语言阶段感知语音的能力是学前儿童获得语言的基础。正常儿童在这段时间内不仅能够听到声音，还以某种能帮助自己语言学习的方式去感知语言。正常儿童出生后不久就能把语音和其他声音区分开来，并能对其做出不同的反应。我国的一些学者将前语言发展从语言产生和语言理解的准备两个方面进行了简单的概括，认为学前儿童的前语言发展从语言理解准备的角度看，可以分为语音知觉（0～9个月）和音位知觉或词语理解（9个月～1岁）两个阶段。最近几年的一些研究，将出生后大约一年半的时间内学前儿童逐渐发展起来的前语言感知能力分成辨音、辨调、辨义三个水平层次。

1）辨音水平（0～4个月）

正常的学前儿童首先运用他们的听觉器官去捕捉周围的各种信息，并且迅速地学会捕捉话语声音的方法。周兢等人的调查结果显示：从出生到4个月左右的这段时间内，学前儿童基本上掌握了如何"听"单一语音的本领。换言之，他们在这个时期形成了感知、辨别单一语音的能力。

2）辨调水平（4～10个月）

语调是表示情绪状态的一种基本手段。学前儿童进入辨调阶段后，其前语言感知水平向前跨了一大步。他们开始注意一句或一段话的语调，从整块语音的不同音高、音长变化中体会所感知的话语声音的社会性意义，并且能够给予相应的具有社会性交往作用的反馈。研究发现，这个时期的汉语儿童对父母或其他成人说话时表现情感态度的语调十分注意，能从不同语调的话语中判断出交往对象的态度。

3）辨义水平（10～18个月）

10个月之后的学前儿童开始进入对语音的辨义阶段，他们越来越多地在感知人们说话时将语音表征和语义表征联系起来，从而分辨出一定语音的语义内容。实际上，这时的汉语儿童开始学习通过对汉语声、韵、调的整合的感知来接受语言。这种能够从人们说话中感知、分辨语义的能力，在之后的几个月中迅速发展，此时的学前儿童很快便积累起大量的理解性语言。

2. 前语言发音能力的发展

除了大量地获得感知语言的经验之外，在出生之后的一年半时间里，学前儿童语言学习的另一种主要现象是前语言发音。尝试掌握语音的发音能力，是他们为正式使用语言与人交往所做的另一番准备。前语言发音指学前儿童正式说话之前的各种语音发声，类似于说话之前的语音操练。学前儿童自第一声啼哭到咿咿呀呀做好说话的准备，经过了大量的发音练习过程，这个过程大致可以分为三个阶段，即单音发声、音节发声和前词语发声。

1) 单音发声阶段 (0 ～ 4 个月)

学前儿童的发音是从反射性发声开始的，哭叫是学前儿童第一个月主要的发音。在这个月内，学前儿童学会了调节哭叫声的音长、音量和音高，能用几类不同的哭叫声，表示饥饿、疼痛、无聊等意思，用以表达要人抱或要吃奶等不同需求。这些哭声一般只有父母才能理解。两个月时，学前儿童出现了喁喁作声的情况，在早晨睡醒之后，吃饱了舒服地躺着时，会发出愉快的自言自语的声音。一般而言，此时汉语儿童的发音大多为简单的元音，类似于汉语单韵母，但也有少量的复韵母。

2) 音节发声阶段 (4 ～ 10 个月)

大约从 4 个月起，学前儿童的发音出现明显的变化。一方面学前儿童的发音有了一定的指向性，较多的是对成人的社会性刺激做出反应；另一方面发音内容与以前不同，出现了许多辅音和元音的组合。汉语儿童在这段时间内的发音以辅音和元音相结合的音节为主，并且有一个从单音节发声过渡到重叠多音节发声的过程。

3) 前词语发声阶段 (10 ～ 18 个月)

经过音节发声阶段之后，学前儿童咿呀学语的发音进入一个更为复杂的时期。此时，汉语儿童能够发出一连串变化不同的辅音加元音的音节，仿佛一句汉语包含了若干声韵母组成的音节。这段时间汉语儿童的发音才真正具有了汉语的"味道"。儿童语言发展因其语言类型所造成的特殊性，在这个阶段有了明显的差异，而这一点与他们每日所感知接受的语言有着必然的联系。有关英语儿童发音的研究发现，这一阶段的学前儿童不仅能发出英语的语音，而且能发出一些非英语的语音，并出现了语调、节奏、重音和音量的变化，用以表达明确的意义。

3. 前语言交际能力的发展

语言是人类重要的交际工具，在获得语言之前，学前儿童是否具有一定的交际能力？有关儿童语言的研究对此给予了肯定的回答，指出婴儿期存在着一些交际的倾向和表现，这种表现可以称为前语言交际。前语言交际是学前儿童获得语言之前，用语音及伴随的表情或动作去代替语言进行交往的现象。这种特定的交际能力与学前儿童的语言感知和发音经验有密切的关系，在前语言时期亦可划分成三个阶段。

1) 产生交际倾向 (0 ～ 4 个月)

周兢在研究中发现，汉语儿童的前语言交际在出生后不久便开始了。一周至一个月期间的学前儿童，已经能够用不同的哭声表达他们的需要，吸引成人的注意。学前儿童最先用哭声唤来成人以帮助他们解决问题，这种成功的经验促使学前儿童调整自己的哭声，更好地吸引成人的注意。学前儿童正是在这样的企图下逐渐发展起交际的兴趣，产生交际的倾向。

2) 学习交际"规则"（4～10个月）

在产生交际倾向之后，学前儿童的前语言交际进入一个似乎在学习基本交际"规则"的阶段。大约 4 个月的学前儿童，在与成人的交往中开始出现这样的变化：对成人的话语逗弄给予语音应答，仿佛开始进行说话交谈；在用语音与成人"对话"时，学前儿童出现与成人轮流"说"的倾向，即成人说一句，学前儿童发几个音，待成人再说一句后，学前儿童再发几个音；当成人和学前儿童一段轮流"对话"结束后，学前儿童会用发一个或几个音来主动地引起另一段"对话"，从而使这种交流延续下去。

3) 扩展交际功能（10～18个月）

从交际的倾向来看，这个时期的学前儿童有坚持表达个人意愿的情况，当他用某种声音表达自己的需要而未得到成人的理解时，学前儿童会重复这种行为直至成人弄明白。这个时期的学前儿童还会逐步用语音、语调和动作表情等来达到交际的各种目的。他们的前语言交际行为不仅具备四种功能，即指令、要求、情感表达和评论情景，基本上获得了语言交际的各种功能，而且具有表达陈述、否定、疑问、感叹、祈使等句式意义的功能。学前儿童在前语言交际能力发展过程中，比较好地理解了语言的交际功能，因而借助前语言发音和体态行为与人交往。

二、语言发展期

经过一段时间的沉默之后，从 1.5 岁开始，学前儿童正式进入语言发展期。处于语言发展期的学前儿童的语言发展可以从语言形式、语言内容和语言运用技能三个方面进行考察。

1. 语言形式的获得

语言形式是指语言中约定俗成的符号系统和系列规则。学前儿童对语言形式的获得包括对语音和语法的获得。语音是指语言的声音，和杂乱的声音的不同之处在于它有实际意义，而杂乱的声音毫无实际意义。所以，语音的发展，严格地说，是从牙牙学语阶段之后开始的。从 1～1.5 岁时起，学前儿童开始学习发成人词的音，但常会出错，错误的类型受学前儿童所处的具体语言环境的影响而表现得不尽一致。

1) 语音的发展

1～1.5 岁的学前儿童开始发出第一个类似成人说话时用词的音；到 6 岁时，学前儿童已经能够辨别绝大部分母语中的发音，也基本上能够发准母语的绝大部分的语音。但是，对于母语中相似的语音常常会出错。2～6 岁学前儿童的语音发展可以从语音的辨别、发音能力的发展和语音意识的产生三个方面来分析。

2) 语法的获得

语法是组词成句的规则，学前儿童要掌握母语、进行言语交际，必须首先掌握母语的语法体系。语法的获得是指学前儿童对母语中语句结构的获得，包括理解和产生不同结构的语句。对学前儿童的句子产生的评定和分析通常采用两种方式：一是考察学前儿童说出句子的长度，即句子中所包含的最基本意义单位的数量；二是考察学前儿童说出句子结构的完整性和复杂性。句子长度虽然是一种通用的评定儿童期语言发展的指标，但仅是一种次要的指标，因为它只能表明句子中所含字、词在数量上的发展，无法表明句子在质上的变化，不能反映句子的结构性质和复杂程度。

学前儿童句法结构的获得大致呈如下规律：

(1) 从混沌一体到逐步分化。学前儿童早期的言语功能由表达情感、表达意动和指物三者紧密结合到逐步分化，语词的词性由不分化到逐渐分化，句子结构由主谓不分的不完整句子发展到结构层次分明的完整句子。

(2) 从不完整到逐步完整，从松散到逐步严谨。学前儿童最初的句子不仅结构简单，而且不完整，常常漏掉或缺少一些句子成分。随着年龄的增长，句子结构逐渐复杂而且逐渐严密，意义也较明确易理解。

(3) 由压缩和呆板到逐步扩展和灵活。学前儿童最初说出的语句只有一些核心词，因此显得陈述的内容单调、形式呆板，只是千篇一律的、由几个词组成的句子。稍后能加上一些修饰词，最后能达到灵活运用修饰词，表现的内容也逐渐丰富。

2. 语言内容即语义的获得

学前儿童语义的发展是指学前儿童对词、句子和语段三个语言结构层次在理解上的发展和获得。学前儿童语义的获得具有以下两个特点：第一，根据当前的语境和已有的经验猜测语词的意思，最初的猜测通常是不全面或不正确的；第二，对语义的理解经历理解词或句子所表达的基本语义关系、理解语言的实用意义和理解句子的各个语词的含义等几个阶段。学前儿童获得词义要比获得语音、句法更加复杂，可以说，对词义的获得贯穿人的一生。学前儿童最早获得的是专用名词，然后逐渐获得普通名词、相对词等。

3. 语用技能的获得

语用技能的发展是学前儿童语言发展的一个重要方面。语用能力是指交际双方根据交际目的和语言情境有效地使用语言工具的一系列技能。学前儿童的语用能力是在言语交际过程中表现出来的，为了能够与同伴和成人进行顺利的交际，学前儿童需要掌握一定的语用知识和技能。

学前儿童的语用技能可以从语言操作能力、对交际外在环境的感知能力和心理预备能力三个方面进行考察。

1) 语言操作能力

语言操作能力指的是交际双方根据交际的实际需要，灵活而有效地调出已有的语言以及与其有关的非语言知识，并恰当地用于交际过程的能力。对语言及其辅助系统的操作水平的高低直接影响言语交际的效果。语言操作能力包括说话人的语言表达能力和听话人的语言理解能力。语言表达能力包括根据交流的需要对语言各要素进行适当组合的能力、通过发音器官发出有意义的声音的能力以及将语言符号和非语言符号恰当结合的能力。语言理解能力包括辨别有意义声音和无意义声音的能力，通过耳朵和眼睛的协同作用感受言语和非言语的能力，以及理解听到和看到的言语和非言语的意义的能力。

2) 对交际外在环境的感知能力

感知言语交际的外在环境的能力包括对交际对象本身特征的敏感性、对实际交际情境变化的敏感性和对交际对象反馈的敏感性等。

对交际对象本身特征的敏感是指说话人能够对不同的交际对象采用不同的、易在交际双方之间产生共鸣的语言的形式。

对实际交际情境变化的敏感指的是，当交际情境发生变化（如交际的时间、地点及内容发生变化或增加了新的交际伙伴等）时，说话人能够根据需要调整语言的表达方式、内容或者听话人根据情境的变化理解变化了的语言形式的能力。

对交际对象反馈的敏感则指说话人可根据交际对象发出的是否已经接收到信息的反馈情况，及时调整说话的内容和方式，也指听话人对说话人所说的话的理解情况的自我感知能力和及时反馈的能力。

3) 心理预备能力

言语交际行为的顺利完成还有赖于交际的双方对言语交际的心理预备能力的提高。这类心理预备能力包括交际双方调节自己的情感、兴趣、动机并使之指向言语交际行为的能力，对同一话题的保持、拓宽能力和对有关交际内容知识的组织能力等。处于语言发展期的学前儿童的自我中心语言相对较多，社会性语言有待发展，其社会性语言的产生和理解情境的能力较强，他们很容易受外部客观情境改变的影响而转变谈话的主题。

第二节　学前儿童语音发展与教育

学前儿童语音系统的发展分为语音发生发展和语音知觉发展两个阶段，其分界线是学前儿童说出第一个有意义的真正的单词。

一、语音发展

1. 语音发音发展阶段

从新生儿呱呱坠地到说出第一批真正的词汇，可细分为五个阶段。

1) 非自控音阶段（出生～20天）

出生之后的第一声啼哭意味着发音器官已经为语音做好了最基本的物质准备。此阶段新生儿发音以哭声为主，加上一些咳嗽声和吃奶时发出的声音，新生儿绝大多数不能控制这些声音，因此称为"非自控音"。

2) 咕咕声阶段（20天～6个月）

逐渐地，学前儿童的听音和辨音能力有了很大的发展，有大量玩弄声音的现象，有了最初的语音模仿和对话意识。这些非自控发音听起来像人咕咕低语，因此称为"咕咕声"。

从辅音上看，这一阶段学前儿童主要发的是舌音，特别是出现了舌中间的边音 [l] 和舌尖后的卷舌音 [ts]、[s]，但未出现舌尖前音和舌面音。尤其边音的卷舌塞擦音的出现是一大进步，说明学前儿童的舌作为比较重要的发音器官已经开始灵活起来了。

元音发展中，除 [y] 和两个舌尖元音之外，汉语所需的元音都已经出现。在这一阶段的前期，元音主要是在上一阶段的基础上向四周蔓延，接着发展后元音和圆唇元音，最后连卷舌音 [er] 也发展起来了。

3) 牙牙语阶段（6个月～1岁）

5个月的学前儿童可以把手放在嘴上"打哇哇"，音节多是同音重复。6个月之后连续发音的节奏感增强，发音形式变得丰富多彩，而且有许多类似语言的语调，学前儿童模仿发音的能力大大加强，音高变化有许多已经颇似成人的语调，发音也像成人语言中的词，节(拍)、(音)调成为较为稳定的现象，为声调的形成打下基础。特别是 10 个月之后，伴随一些近乎词的语音出现，父母同学前儿童的语言交流大幅增加，如果说上一阶段父母还满足于与孩子的声音交流，这一阶段则标志着真正的语言教育开始了。

4) 学话阶段 (1 ~ 1.5 岁)

这一阶段开始，连续音节和类似于词的音节都比上一阶段增多，随着音节词的增多以及能说出一些单词，无意义的连续音节减少了。这是一个从无意义音节发展到词音的过程。

5) 积极言语发展阶段 (1.5 ~ 6 岁)

此阶段学前儿童由单词句、双词句向完整句子过渡，集中的无意义发音现象消失，语音已经和词、句子整合在一起。为了使语音携带一定的意义，发音服从于词的需要受到一定的限制，因发音器官不健全，存在许多语音错误，这也是学前儿童重要的发音策略。

在此阶段发音具有以下特点：

(1) 发音水平随年龄增长而提高。2.5 ~ 4 岁是语音发展的飞跃期，这个时期可持续到 4.5 岁，4 ~ 5 岁的学前儿童语音进步最为明显。

(2) 学前儿童发声母的音比韵母难，易出错。难以区分前后鼻音、卷舌音和不卷舌音。

(3) 学前儿童语音受到方言语音的干扰。

2. 语音知觉发展阶段

1) 声调知觉的发展

婴儿对声音非常敏感，出生后第一周听到轻柔的声音会停止哭叫，两周时就能区分语音和其他声音，23 天时对人的声音能做出凝视、微笑或停止哭叫的反应，4 个月时能区分愤怒和友好、熟悉和陌生的声音。若无上述反应，则可能听力有问题，应引起成人关注并及时送医。

婴儿对声调也非常敏感，出生后 7 周即能分辨升降调，这说明婴儿在辨别词的意义之前已经学会了辨别声音的音调模式，成人如果用同样的音调发出不同的词，婴儿会做出同样的反应。

婴儿对词的重音也很敏感，国外心理语言学的研究发现，1 ~ 3 岁学前儿童在自发言语中很少把语词中的主重音念错。这一情况表明，在语音的感知顺序与语音产生中，先学会语音的声调和句子的声音模式，后发展有意义的词音。

2) 词的语音表象的建立

学前儿童语音记忆表象主要按照成人的发音形式储存。学前儿童能辨识自己还不会发音的词，发音与成人一致时，学前儿童首先反应的是成人的词。儿童的语音听觉表象与语音的动觉表象之间并不是马上能吻合的，需要不断实践调整。这期间成人的语音模式对学前儿童非常重要。

学前儿童在说话前就已经很有顺序地进行了语音的准备，成人必须掌握学前儿童语音发展的内在动机和内部程序，既不放任自流又不违反规律拔苗助长。

二、影响语音发展的因素

学前儿童语音发展是生理因素、语言因素、环境因素相互作用的结果，这些因素在不同的语音发展时期、不同的语音发展方面，有着不同的影响。

1. 生理因素

构造正常的发音器官、听觉器官及大脑的成熟过程是决定学前儿童语音发展的先天因素，年龄越小，这些因素对学前儿童语音发展的作用越是根本性、决定性的。随着学前儿童年龄的增长，先天决定的生理因素对学前儿童语音发展的影响逐步减弱，其他因素的作用逐步增强，但其对学前儿童语音发展的影响绝不会消失。

2. 语言因素

作为语言的子系统，语音发展必然受到语义、语法等因素的影响。例如，牙牙语向语音发展转化时期出现的发音紧缩现象及此后的发音简化现象，是此期学前儿童赋予声音意义、音义结合，并要把这种音义结合依据一定语法规则组合起来，同时还要与一定语境相匹配的结果。这些新的语言和语用任务，需要学前儿童付出许多精力去应对，这导致语音的紧缩和简化。

3. 环境因素

人是社会性动物，语言是人类社会发展到一定程度的产物，语言的意义，尤其语音的意义都是社会约定俗成的，所以学前儿童生存所在的环境尤其语音环境是决定后天语音发展的关键因素。印度狼孩的故事就呈现了在语言发展尤其语音发展的关键期，缺少正常的社会语言环境，狼孩姐妹最终没有学会人类的大部分语音。若没有周围人发出各种语音，即使学前儿童先天的语音生理因素很正常，因为没有模仿对象，发音后没人与其进行交流反馈进而促成其调整修正语音，其语音也不能正常发展。

三、学前儿童语音教育

学前期是儿童语音教育的关键期，也是掌握本民族口语的关键期，学前教师比其他阶段教师的语音教育任务要重得多。

1. 语音教育的基本内容

(1) 培养学前儿童辨析性的听音能力。

学前儿童言语发展早期，会优先感知别人说话的语调，从而模仿语调的能力也是较早发展的。但因为听觉水平比较低，听音和辨音能力较差，对语句的每一个词音不能分别感知，或感知的准确性较差，直到三岁左右许多学前儿童仍然不能精确分辨近似音，在发音时还会出现相互替代的现象。能分辨语音的细微差别是正确发音的前提，学前儿童尤其要辨析某些近似音，如 zh、ch、sh、z、c、s，为正确感知和发送词音打好基础。

(2) 教会学前儿童正确发音。

若想有效地利用口头语言进行表达交流，就必须清楚正确地发音。教师应教会学前儿童按照普通话的发音标准准确地发音，入学前基本能掌握普通话的发音音节。首先应训练学前儿童正确掌握 1300 多个普通话音节。正确的发音训练包括声母、韵母、声调三方面的训练内容。

(3) 培养学前儿童的言语表情。

口语中为了准确和富有表现力地表达思想，就需要声音的性质有所变化。要训练学前儿童根据表达内容的需要来调整声音的音质、高低、速度、抑扬顿挫等，构成不同的言语表情，再辅以合适的面部表情、眼神、手势等体态语言。应注重培养学前儿童在平时讲话时表情自然、富有感染力和表现力，以此来增强语言的交际功能。

(4) 培养学前儿童言语交往的文明修养。

言语交往的文明修养是对讲话态度方面的要求，这应该从学口语就开始培养，要态度自然、声调悦耳、说话有礼貌，不能不分场合地撒娇说话或粗暴地讲话。

2. 学前儿童语音教育途径

(1) 日常生活中练习发音。

为了使每个学前儿童都能掌握普通话的标准音和语调，在某些学习过程中进行集体练习是必要的，但大量的练习还需要在日常生活中自然地进行。这时，教师应根据本地区和本班学前儿童发音的情况，确定语音训练的重点和重点帮助对象。

在日常生活中进行练习时，应随机地、个别地进行。例如，有的学前儿童将湿 (shi) 和吃 (chi) 分不清，教师就可利用生活中的实际例子进行谈话帮助学前儿童发音，如问"你把毛巾放在水里会怎么样呢？""今天早餐吃的什么？"创设机会引导学前儿童练习发"湿"和"吃"的音。

(2) 开展听说游戏，学习正确发音。

良好的听觉是清晰发音的前提。发展听觉的灵敏度就是发展辨音的能力，发展听觉和发音的听说游戏活动可以培养学前儿童正确的发音能力和听觉注意，提高辨音能力。听说游戏的内容、规则和过程，要根据本班学前儿童的发声特点来确定。教师在选编这类游戏时，要注意游戏的结构应较简单，不应该使难发的音过于集中，难度太大，这样会降低学前儿童学习的积极性。

为使学前儿童有模仿的榜样，教师不应仅作为游戏的组织者，有时也可以作为游戏的参加者，以正确的发音给学前儿童示范。在游戏过程中，教师除了注意全班学前儿童的练习之外，更应注重个别学前儿童的单独练习。教师必须注意倾听每个学前儿童的发音，发现错误要以正确的示范予以纠正。

(3) 利用儿歌、绕口令练习发音。

儿歌、绕口令都是有韵律的文学作品，能生动形象地表现一定的内容。它们结构短小，便于记忆和提高学前儿童练习发音的兴趣。

绕口令又称急口令，是儿歌的一种，有意识地重复许多相近或相似的词音，可帮助学前儿童区别易混淆的音。绕口令从内容到形式都比较生动活泼、风趣，很受学前儿童喜爱。教绕口令的时候，教师要自己先背熟，使自己的发音准确无误。学前儿童开始学绕口令的时候，在速度上不宜太快，不是求速度，而是求质量，力求每一个音都准确无误。待学前儿童背熟后，再逐步要求他们加快速度，以提高学前儿童发音的准确度。绕口令主要适合中、大班进行。

(4) 教师示范讲解正确、规范的发音。

教师正确示范是教学前儿童掌握发音的基本途径。通过示范，不仅要求学前儿童能正确感知语音间的细微差别，还应让他们掌握发音部位和发音方法，让学前儿童知道音是如何发出来的。教师的示范要照顾到学前儿童听和看两个方面，便于他们模仿。

由于发音部位不同，因此发音难度也不同。例如：唇音，主要是由上下唇（圆唇、不圆唇）的活动发出的音，比较简单，易被学前儿童看到，易于模仿和掌握；而更多的音，需要舌头参与活动，这些音的发音都不易被学前儿童观察到，而且动作比较精细、复杂，所以舌音是学前儿童掌握较慢、不易发准的音。对这一类音就需要教师采用示范和讲解相结合的办法，使学前儿童掌握发音要领。如 n 和 l 的音发不准时，教师就要向学前儿童讲清楚它们发音的方法有什么不同。n 是鼻音，l 是边音，教师要把发音原理具体化，形象地向学前儿童讲解。发 n 音的时候，舌尖翘起抵住上牙床，同时舌尖要向两边展开，用力把气流堵住，使气流从鼻孔出来。讲解后，可让学前儿童反复拉长音练习，使其体验气流是否从鼻子里出来。在发 l 音时，舌尖只抵住上牙床中间部分，舌头不向两边舒展，在两边留出空隙，堵住鼻孔的过路，使气流从舌的两边出来。示范之后，应让学前儿童反复试验、体验。对于其他难发的音，也可采取类似方法或创造其他方法，帮助学前儿童较快掌握发音的要领。

学前儿童语音发展特点

第三节　学前儿童词汇发展与教育

表达一定意义的语音即语词，语词又汇合成词汇，人只有积累足够数量的词汇，才能明确表达思想，与人交流，充分发挥语言的交际工具作用。词语是构成语言系统这座大厦的砖和瓦，词汇是语言的建筑材料，对词的理解、积累和运用是语言能力的重要组成部分。

一、学前儿童词汇发展特点

1. 词汇数量不断增加

词汇量是学前儿童语言发展的标志之一。词汇量的多少直接影响学前儿童语言表达能力的发展，而语言是思维的凭借物和物质外壳，所以词汇量也是学前儿童智力发展的标志之一，词汇量越大，智力水平越高；同样地，智力水平越高，学前儿童拥有的词汇量越丰富。

(1) 词汇量随年龄的增加而增加：1 岁学前儿童词汇量一般在 10 个以内，1.5 岁为 50 ～ 100 个，2 岁时达到 300 个左右，2.5 岁增加至 600 个，3 岁为 1100 个，3 ～ 4 岁为 1600 个，4 ～ 5 岁为 2300 个，5 ～ 6 岁大约为 3500 个。

(2) 3 岁以后词汇量的增加呈现递减趋势：2 ～ 3 岁时学前儿童词汇量的增长率大约为 200%，3 ～ 4 岁时则为 50%，4 ～ 5 岁时降至 40%，5 ～ 6 岁时大约为 34%，可见学前儿童词汇量的增长率随年龄增加反而呈现递减趋势。

(3) 3 岁左右是学前儿童词汇增长的高速期：国内外有关研究表明，3 ～ 6 岁是人一生中词汇数量增加最快的时期，3 岁、6 岁分别是两个词汇增长高速期。这种说法是否成立还有待进一步研究证明。

2. 掌握词汇的范围不断扩大

词汇量能从量的方面说明学前儿童的词汇水平，词类范围则从质的角度说明学前儿童的词汇水平。因学前儿童以直觉动作思维和具体性思维为主，抽象逻辑思维刚刚开始萌芽，所以掌握的大量词汇是意义比较具体、指代具体实物的实词（包括名词、动词、形容词、数量词、代词等），学前儿童掌握的意义比较抽象的虚词数量却少得多。可是从质量方面看，掌握虚词意味着学前儿童的智力发展达到相对较高的水平。

(1) 掌握各类词性的顺序不同。

学前儿童先掌握实词，后掌握虚词。3～6岁学前儿童掌握的实词中最先和最大量的是名词，占词汇总量的51%；其次是动词，占20%～25%；再次是形容词，占10%以上。学前儿童较晚掌握的其他实词如代词、数词，虚词如连词、介词、语气词等，在词汇中占的比例较小。

(2) 词类的使用频率不同。

词频率是指某类或某个词汇的使用频率。学前儿童使用词频率最高的是助词，其次是代词，然后是副词和介词；使用动词的频率高于名词。

(3) 掌握各类词汇的内容不断扩大。

随着年龄增长，学前儿童的生活范围不断扩大，思维水平不断提升，所获名词数量也在迅速增长。具体名词范围扩大，同一类词的内容也在不断扩大，出现了抽象名词。学前儿童掌握名词的突出特点主要表现在以下几方面：

① 掌握具体名词早于且快于抽象名词。

② 学前儿童掌握较早较多的是与其生活关系密切的词，如日常生活用品、日常生活环境、人称、动物类名词。

③ 掌握的抽象名词随年龄增长而逐步增多。在表示自然常识的名词中，掌握最多的是动物名词，其次是植物名词，最后是自然现象名词。

学前儿童掌握的常用动词词汇中，反映人物动作和行为的词占80%，趋向动词占8%，心理动词占5%，存现动词（表示事物存在状态、增减变化、出现消失的词）占5%。

形容词使用率位居第三，且随年龄增长而增长，4岁以后呈现一个迅速增长的趋势。形容词的迅速发展是学前儿童句子复杂化的标志，也是学前儿童对事物的性质认识迅速发展的一个标志。从年龄上看，学前儿童最早使用的形容词是描述物体特征的（2岁），2.5岁时开始使用饿、饱、痛等关于机体感知的形容词，3岁开始使用描述动作和人体外形的形容词，最后才是描述个性、品质、表情、情感以及事件、情境的形容词。从使用率上看，描述物体特征的形容词使用率最高，占32.89%；描述动作的占29.57%；描述人体外形的占25.71%；描述机体感知的占29.76%；描述个性品质的占13.22%；描述表情情感的占12.44%；使用率最低的是描述事件情境的形容词，占5.98%。这说明明显的外形特征容易被学前儿童认识并掌握。

3. 对词义的理解不断确切和深化

在词汇量不断扩展、词类不断增加的同时，学前儿童掌握每一个词的含义也逐渐确切和深化。

1～2岁学前儿童对词的理解较笼统，常用一个词代表多种对象，如"蛋蛋"既表示鸡蛋，也表示形状相近的橘子，还可以指天上圆圆的月亮（实际上学前儿童清楚他们为不同的事物，仅仅是因为词汇量较少，不知道该使用什么样的词来表述，只可意会不能言传，这就是所谓的消极词汇）。同时学前儿童对词的理解也非常具体，概括性较差，"蛋蛋"仅仅指他所见的某一个具体的鸡蛋，"妈妈"可能指的仅仅就是自己的妈妈，而不是某一类人的代称。

随着对词义理解的确切和加深，学前儿童不仅能够掌握词的一种意义，而且能够掌握词的多重意义；不仅能掌握词的表面意义，而且能掌握词的转义。学前儿童掌握的词义越丰富深刻，其运用词汇的积极性也越高。词汇可以从被动（消极）词汇转换为主动（积极）词汇，既能理解又能正确运用。

学前儿童词汇虽然有以上方面的发展，但和以后的发展比较起来，这个时期的词汇还是贫乏的，概括性较低，在理解使用上也经常会出现错误，还必须加强词汇教育。

二、学前儿童词汇教育的内容与途径

1. 丰富学前儿童词汇

词汇是语言的基石，学前儿童词汇教育的首要任务是丰富词汇量，不断提供大量新词，让学前儿童去理解、记忆、使用。

(1) 为学前儿童提供的新词应以实词为主。

学前儿童最先掌握的是实词，掌握实词的数量在整个词汇量中占比最大，实词有实际意义，往往代表物品或动作的名称及特征，较容易作为句子的主干成分，经常在交际中运用，所以为学前儿童提供的新词应以实词为主。

(2) 学前儿童通过与成人或同伴的自然交往来学习新词汇。

在学前儿童与成人、同伴的交往中，表词达意、传递信息、交流思想的机会越多，习得新词、运用新词的机会就越多，在自然的语用环境中不知不觉间学习掌握新词，丰富词汇、尝试使用，使语言能力自然提高。

2. 帮助学前儿童正确理解词汇

正确理解话语含义、进行语言交流的前提是正确理解每个词的含义。学前儿童因为缺乏生活经验，具有具体形象思维特点，往往根据语境来理解一些带有抽象意义的词，如把"勇敢"理解为打针不哭，出现词义理解上的偏差。学前儿童还经常从字面上理解词义，不能理解词的象征意义、转义或成人的正话反说，如把"黑话"理解为晚上不开灯说话等。所以，在不断丰富其词汇量、扩展其词汇类别的同时，还要指导学前儿童正确理解词义。

(1) 让词和词所反映的事物同时出现。

每当学前儿童的生活中出现积木时，成人就指着积木说："积木，这是积木。"几次之后，学前儿童自然知道这种东西叫积木。同样地，学前儿童每次看到红色的东西，成人都说"这是红色的帽子、红色的鞋子、红色的皮球"，强调红色，久而久之，学前儿童就逐渐会把"红色"这个词从各种具体事物中抽取出来，理解红色的含义。所以，词和它所反映的事物同时出现，是学前儿童丰富词汇、学习语言的基本途径。特别是对那些特定事物及其表征的实词，以此方式学习可以收到事半功倍的效果。

(2) 借助有关材料为学前儿童提供词汇的直观信息。

有些学前儿童不能直接接触的事物，成人可以借助图画、音像、多媒体等手段，为学前儿童提供直观的信息，使其将这些事物的名称特征与相应的词联系起来，帮助学前儿童理解词义。

(3) 引导学前儿童联系上下文或根据自己的已有经验理解词义。

对年龄较大、有文学作品学习经验的学前儿童，成人可引导他们联系上下文、语境或根据已有经验理解新词的含义。

3. 帮助学前儿童正确运用词汇

小班刚入园的学前儿童可能已经拥有 1000 多个词汇，但因为词汇量偏少、对词义理解不准确、构词规则泛化等经常出现错用或误用词汇的现象。教师可以从以下几方面帮助学前儿童学会正确运用词汇。

(1) 经常为学前儿童提供正确用词的典范。

① 用词命名。

引导学前儿童观察周围事物时，配以相应的言语说明，帮助其了解周围各种事物和现象的名称。这样当学前儿童想说某件物品、描述某个动作或场景时，就知道怎样去称呼与表达，避免出现因不知如何表达而选错词的情况。

② 语法规范。

教师、成人对学前儿童讲话时尽可能不出现错误语法，为学前儿童提供良好的榜样示范。

(2) 针对学前儿童经常错用或误用的词汇应及时反馈。

学前儿童通常对自己生造的词或句法有相当的情感，不喜欢被成人直接纠正，所以在学前儿童用词错误时既要及时纠正又要注意方式方法。应先表示理解，再说出正确的说法，一般不直接指出错误，而是采用隐性示范。

(3) 为学前儿童创设适宜的环境，鼓励他们大胆使用已理解的词汇。

学前儿童在日常生活中积累了大量的词汇，但因生活范围狭小，许多学过的词在生活中较少有机会运用，成了消极词汇。所以教师要为学前儿童创设丰富多彩、形式多样的语言情境，引导他们通过各种感官感受外界事物，使其产生不吐不快的表达欲望，并联系已经掌握的文学语言充分表达自己的感受，尝试表词达意，盘活积淀的词汇，将消极词汇转变为积极词汇。例如，教师带学前儿童春游时，在感受大自然的魅力、享受愉快心情的同时，面对草地、阳光、花香鸟语等美好的事物，引导学前儿童联想以前学过的文学作品中的优美词汇来尝试描述眼前的美景，通过语言与别人分享自己的快乐心情。

学前儿童词汇发展的特点

第四节　学前儿童语法发展与教育

语音赋予意义后变成词汇，词汇按照一定约定俗成的规则（语法）来组成语言。语法由一系列语法单位和有限的语法规则构成，是语言最为抽象的基础性系统，也是语言的民族特点和个体语言能力的最为基本的表现。学前儿童学习语言不但要掌握一定的词汇，还要掌握本民族语言的基本语法结构。学前儿童语言学习的过程，也是掌握语法的过程。

一、学前儿童语法发展的特点

1. 句型从不完整向完整发展

2 岁以前学前儿童能驾驭的句子多是以单词句和多词句为主的不完整句子，此后逐渐出现较为完整的句子，而完整句子的数量比例随年龄增长而增长。98% 以上的 6 岁左右学前儿童能使用完整句子。

1) 从简单句到复合句

简单句是句法结构完整的单句。学前儿童使用简单句的比例较大，如主谓结构"宝宝睡觉"、谓语宾语结构"吃饭饭"、主谓宾结构"宝宝吃糖"、主谓双宾结构"阿姨给宝宝糖"等。

随着年龄的增长，复合句开始出现，但总体比例不大，学前晚期仍在 50% 以下，且结构松散，缺乏连词，大多只是简单句意义上的结合。如"妈妈上班，我上幼儿园"。联合复句出现较早，偏正复句出现较晚且难以掌握。学前儿童常用的偏正复句主要有条件复句、因果复句、转折复句(4 岁以后) 等。

2) 从陈述句到非陈述句

学前儿童最初掌握的是陈述句。在整个学前期，简单的陈述句是基本句型，学前儿童常用的非陈述句有疑问句、祈使句、感叹句等。

3) 从无修饰句到有修饰句

学前儿童最初说的句子没有修饰语，如"宝宝画画""妈妈走了"等。2 ～ 3 岁时出现一些修饰语，如"大灰狼""小白兔"等，但他们实际上把修饰词和被修饰词当作一个词组来使用，在他们的意识里，只要是狼就是大灰狼，无论其个头大小、灰色还是褐色。2.5 岁的学前儿童已经开始出现一定数量的简单修饰语，如"两个宝宝搭积木"。3 岁时已经开始出现复杂的修饰语，如"我玩儿的积木"。3 ～ 3.5 岁是复杂修饰句的数量增长最快的时期。到 4 岁时，有修饰语的句子开始占优势。

2. 语句结构处于不断发展变化中

句子结构从表达内容、词性、结构层次的混沌一体到逐步分化，从松散到逐步严谨，从压缩、呆板到逐步扩展和灵活。

3. 句子包含的词量不断增加

3 ～ 4 岁学前儿童以含 4 ～ 6 个词的句子为主，4 ～ 5 岁学前儿童以含 7 ～ 10 个词的句子为主，5 ～ 6 岁学前儿童使用的多数句子含 7 ～ 10 个词，同时也出现了很多含 11 ～ 16 个词的句子。这说明随着年龄增长，学前儿童所用的句子有延伸趋势，句子包含的词量逐渐增加。

二、学前儿童语法教育的途径

(1) 在日常生活中培养学前儿童清楚完整表述的能力。

在日常生活中，成人要循序渐进地训练学前儿童完整清楚地表达自己的意思，让学前儿童知道自己想要什么或想干什么时必须把话说完整，让别人听明白。切忌当学前儿童把看到的东西转化为口语表达时，话还没说完成人就急不可耐地"心领神会"，更忌讳在语言上的"包办代替"。

(2) 用口头造句的形式培养学前儿童说完整句子。

从口头造句开始，引导学前儿童用一个完整的语句表达自己的思想。例如，用"许多"造句时，可以说"公园里有许多花"，而不能说"许多花"，经过反复训练，学前儿童会感受到什么是完整句子，说话应该怎样说完整句子。

(3) 用竞赛、游戏等方式提高学前儿童说完整句子的积极性。

日常生活中要求学前儿童坚持用完整的语言表述，时间长了难免会感到枯燥乏味，影响学前儿童的积极性，因此要引入竞赛、游戏等生动有趣的形式，增加活动的趣味性，训练学前儿童说完整的语言。

学前儿童语法发展的特点

第五节　语言发展特点在语言教育中的意义

了解和掌握学前儿童语言发展的基本规律对学前儿童语言教育具有重要的现实意义。了解了语言发展与学前儿童整体发展之间的辩证关系，掌握学前儿童语言发展的一般顺序，有利于把握学前儿童语言发展的"最近发展区"，为学前儿童语言教育目标的制订提供理论依据，使学前儿童语言教育更具有针对性，目标的制订会更准确；使语言教育内容的选择和方法的确定更加符合学前儿童语言学习和其他方面发展的特点，更加有利于学前儿童语言水平的进一步提高，促进儿童的整体、和谐发展。

一、学前儿童语言教育要适合学前儿童的发展水平

语言教育要适应学前儿童的语言发展水平，实际上也就是教育实践中经常提到的"量力性原则"或"可接受性原则"，它所指的是学前儿童语言教育的内容、方法、进度等要从学前儿童的实际情况出发，适合学前儿童心理发展水平，使学前儿童在语言教育活动中能够有效地进行交际，学习和掌握语言知识、语言技能和语言学习方法等。无论是从心理学的有关理论来看，还是从教育实际来看，这个原则都是适宜的。

语言教育要适合学前儿童的发展水平具体包括以下两层含义。

(1) 学前儿童语言教育要适合学前期的发展特点。

学前儿童尚处在认知发展的前运算阶段，其心理发展的突出特点是情绪性，凡是他们感兴趣、觉得稀奇的事物，都能留下深刻印象，并且在活动中也会集中注意力，会主动模仿。因此，教师在进行语言教育时，要通过直接或间接的语言示范，给学前儿童提供大量的、规范的语言让其模仿，使其在不知不觉的模仿中习得大量的语言，获得语境与语用之

间关系的感悟力。 具有丰富的想象力也是学前儿童心理发展的显著特点。为此，教师在组织语言活动时，要尽可能为学前儿童提供充分想象、自由创造的余地。 学前儿童的语言学习主要以自然习得为主。他们学习语言仅仅是为了交流或者执行生活指令、参与游戏等，使用语言也纯粹是为了表达自己的情感和对周围事物及其简单关系的认识，语言对他们来说只是一种交流工具或游戏工具。因此，学前儿童语言教育应当以创设有趣的、合适的、真实的交际环境为主要任务，以培养学前儿童学习语言的兴趣和运用语言进行交往的能力为主要目的。

(2) 语言教育要适合不同学前儿童的发展水平。

虽然学前儿童的发展具有普遍性的特征，但学前儿童之间的发展的差异性也是存在的。这种差异性表现在不同母语的儿童、不同地区的儿童、不同个体的儿童身上，他们的语言发展存在一定程度的差异性，因此学前儿童语言教育需要适合汉语儿童、本地儿童甚至个别儿童的发展水平。

① 根据汉语儿童的语言发展特点制订语言教育方案。
② 根据本地学前儿童的语言发展实际确定语言教育计划。
③ 根据个别学前儿童语言发展的差异性来制订适合某个儿童个体情况的语言教育方案。

二、学前儿童语言教育要依据学前儿童的心理发展过程及特点循序渐进

在人的发展过程中，阶段性和连续性是交织在一起的。一方面，其心理发展具有一定的非连续性，表现为发展中有着很多不同的阶段，每一个阶段的发展都各具特点；另一方面，各个发展阶段之间的顺序是一定的、不变的，后一阶段是在前一阶段的基础上发展起来的，具有连续性。连续性和阶段性是交叉的、重叠的，各阶段之间不是突然的中断和全新的开始。学前儿童语言教育应该遵循儿童发展的这种阶段性，不但要考虑学前儿童已有的语言经验和能力水平，还要考虑语言发展现时和未来的需要，做到循序渐进。

1. 有关"循序渐进"的理论争论

教育中的循序渐进，是随儿童心理发展顺序亦步亦趋呢，还是要走在心理发展的前面呢？这就涉及教育与发展的关系问题。

皮亚杰在提出儿童智力、思维发展都具有一定的阶段性的同时，认为教育应当按照儿童的年龄阶段理论来加以组织。他明确指出：一切理智的原料并不是所有年龄阶段的儿童都能够吸收的，我们应当考虑到每个年龄阶段的特殊兴趣和需要。教师的问题只是去发现符合每个阶段有些什么知识，然后用有关年龄阶段的心理结构所能吸收的方式把它传授给学生。在他看来，教师试图离开儿童年龄阶段的心理特点去加速儿童的发展，这只是浪费时间和精力。作为教育对象的儿童总是属于一定特殊年龄阶段的。按他的说法，教育应走在发展的后面，或至多与发展相平行，这才是有效的。

维果茨基则反对这种"发展的程序总是先于教学的程序，教学是架设在发展的上空的，实质上不能对发展做任何改变"的观念。他认为，儿童具有两种发展水平：一是儿童的现有水平，即由一定的已经完成的发展系统所形成的儿童心理机能的发展水平；二是即将达到的发展水平。这两种水平之间的差异，就是最近发展区。在这里所说的最近发展区包括儿童现有发展水平和潜在发展水平两部分。他提出，教育者不应只看到儿童今天已经达到

的发展水平，还应该看到仍然处于形成的状态，正在发展的过程；教育不应只适应发展的现有水平，走在发展的后面，而应适应最近发展区，从而走在发展的前面，在一定程度上促进儿童的发展。

赞可夫以此为据指出，儿童心理某些已经完成的程序只是教学的起码条件，教学远不能停留于此，而应走在发展的前面；教学与发展的关系是因果关系，教学的结构是因，学生的发展进程是果。按照维果茨基和赞可夫的说法，教育是学生心理发展的源泉，理所当然要走在发展的前面。

2. 启示

虽然上述争论尚待进一步认证，但有一点是肯定的，即教师首先要对儿童的心理水平有一个清醒的认识，在此基础上展开的教育才不至于既无效果，又无效率。同时，还应注意到，既然儿童的心理发展是连续的，前一阶段孕育着后一阶段发展的萌芽，那么，教育适度、适量地在这个"萌芽"状态上下功夫，也是应该的。

学前儿童语言教育要以学前儿童已有的发展水平和语言经验为基础，并在学前儿童的新旧语言经验间建立联系。要想做到这一点，就要注意活动内容的连续性，即每一类活动内容都由具有内在联系的经验组成。每一次获得的语言经验都成为以后语言学习的基础。此外，还要注意活动内容的统一整体性，即经验与经验之间既有纵的连续，又有横的相关，从而使新旧语言经验间真正地建立起联系。

学前儿童语言教育要能够促进学前儿童的语言在原有的水平上有所提高，即要让学前儿童"跳起来摘果子"。

三、学前儿童语言教育要抓住学前儿童语言发展的关键期

心理学中的关键期是指在个体生命历程中，有某一个时期会对某种刺激特别敏感，过了这个时期，同样的刺激便不会再有同样的效力。2岁是口头语言发展的关键期，4～5岁是学习书面语言的关键期。学前儿童正处在语言学习的敏感期或者关键期，特别是语音发展的敏感期。其语言模仿能力强，尤其体现在语音学习上，学前儿童的发音器官达到灵敏的极限，耳朵能辨别语音、语调上的细微差别，口舌能准确地模仿各种声音。抓住语言发展的这个关键期的有利时机，及时进行适当的教育，应能收到事半功倍的效果。

【本章思考练习】

1. 简述学前儿童语音发展的主要特点。
2. 简述影响学前儿童语音发展的因素。
3. 简述学前儿童语音教育的主要途径。
4. 简述学前儿童词汇教育的内容和途径。
5. 简述学前儿童语法教育的途径。

第三章 学前儿童语言教育的目标与内容

```
                                        语言教育目标制订    ┌── 社会的要求
                          学前儿童语    的依据           ├── 学前儿童语言发展的规律及语言学习的特点
                          言教育的目标                    └── 国家教育目的、学前教育机构保育和教育的目标

                                        幼儿园语言教育目    ┌── 幼儿园语言教育的总目标
                                        标的结构与内容     ├── 幼儿园语言教育的年龄阶段目标
  学前儿童语言教育的                                       └── 幼儿园语言教育具体活动的活动目标
  目标与内容
                                        学前儿童语言教育    ┌── 学前儿童语言教育的目标
                          学前儿童语    内容的依据         ├── 学前儿童语言发展的特点
                          言教育的内容                    └── 不同类型语言活动的特点

                                        学前儿童语言教育    ┌── 专门的语言教育内容
                                        的具体内容        └── 渗透的语言教育内容
```

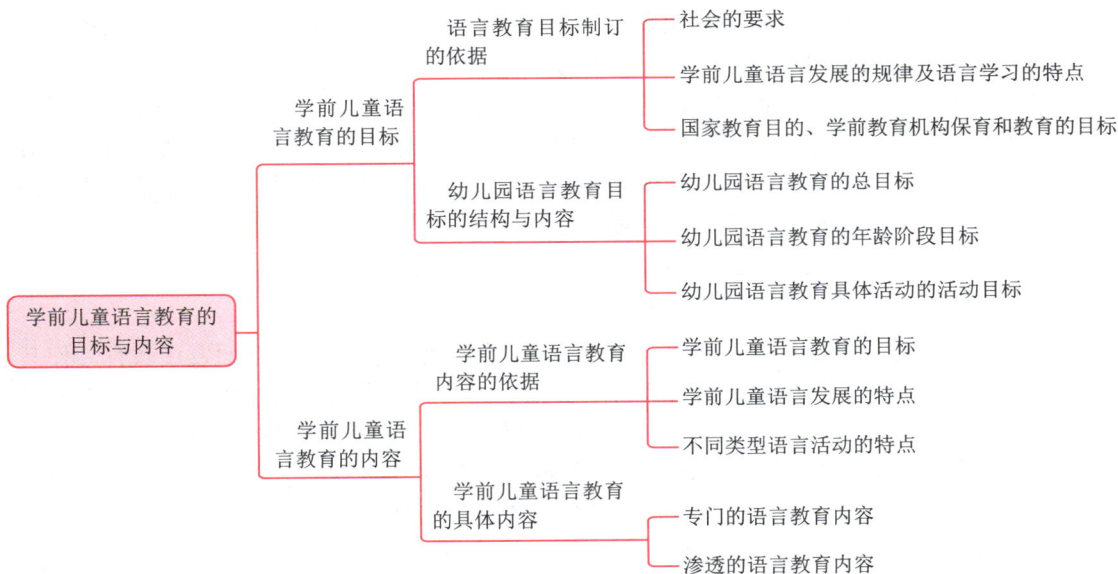

　　学前儿童语言教育的目标，是学前教育总目标在语言领域的具体化，它指出了通过语言教育所要达到的预期效果。作为学前教育的教师，必须明确：通过语言教育要使学前儿童的语言获得什么样的发展，达到何种水平，实现什么目标。明确语言教育目标，能更好地指导教师确定语言教育中的内容，以及所采取的方法和途径。同时，它也是语言教育效果的评价标准。

第一节 学前儿童语言教育的目标

一、语言教育目标制订的依据

1. 社会的要求

　　教育是社会发展的产物，人的社会价值决定了教育的本质是按照一定的社会要求对

儿童的身心发展施加一定的影响，使其向社会预期的方向发展，因此社会和时代的发展对人才培养、教育的要求为语言教育目标指明了方向。了解社会对儿童语言成长发展的期望和要求，可以帮助我们确定学前儿童应学什么，应当掌握哪些最基本的语言知识和技能。

2. 学前儿童语言发展的规律及语言学习的特点

教育目的决定了教育必然关注教育对象的认知、情感、社会性、个性等，促进其身心全面发展，因此，教育目标的制订必须充分地了解并尊重儿童身心发展的客观规律。学前儿童语言教育是以促进学前儿童身心发展为根本目的的，因而必须尊重学前儿童身心发展的规律。

尊重学前儿童身心发展的规律，就意味着我们在制订教育目标时应该注意学前儿童的语言发展需要和特点，根据他们身心发展的客观进程来实施教育。了解和掌握有关学前儿童语言发展的进程、特点和机制等使我们在制订学前儿童语言教育目标时，可以根据学前儿童的实际状况来确定促进他们语言发展的方向。

语言作为一门学科或学前儿童教育课程中的一个领域，有其独特的教育功能和逻辑结构，学前儿童学习语言也有其特殊的规律，因此，我们在制订学前儿童语言教育目标时必须充分考虑语言的学科性质及其对学前儿童的教育功能和价值，尊重学前儿童语言学习的心理顺序和特点，制订符合学前儿童语言学习特点的、恰当的教育目标。

3. 国家教育目的、学前教育机构保育和教育的目标

任何年龄阶段的教育活动都必须遵循国家总的教育目的。

我国学前教育的目标是"对学前儿童实施体、智、德、美诸方面全面发展教育，使其身心和谐健康发展"。学前儿童语言教育是实施全面发展教育的重要组成部分，当然要以学前教育目标为依据。我国学前教育的纲领性文件《幼儿园教育指导纲要（试行）》《幼儿园工作规程》《3～6岁儿童学习与发展指南》等都对各级各类学前教育保教机构的语言教育目标做出了明确规定，这是我们进行语言教育的必然依据。

只有根据社会要求、儿童语言发展和学习的规律以及语言的学科性质等制订学前儿童语言教育目标，才能使这种语言教育真正成为有的放矢、有价值的教育。

二、幼儿园语言教育目标的结构与内容

1. 幼儿园语言教育的总目标

幼儿园语言教育的总目标是幼儿园语言教育任务要求的总和，即幼儿园三年语言教育所期望的最终结果，它是幼儿园教育总目标的一个组成部分。

1)《幼儿园教育指导纲要（试行）》对语言教育的规定

(1) 语言教育总目标。

① 乐意与人交谈，讲话礼貌。

② 注意倾听对方讲话，能理解日常用语。

③ 能清楚地说出自己想说的事。

④ 喜欢听故事、看图书。

⑤ 能听懂和会说普通话。

(2) 教育要求。

① 创造一个自由、宽松的语言交往环境，支持、鼓励、吸引幼儿与教师、同伴交流，体验语言交流的快乐。

② 养成幼儿注意倾听的习惯，发展语言理解能力。

③ 鼓励幼儿用清晰的语言表达自己的思想和感受，发展语言表达能力。

④ 教育幼儿使用礼貌语言与人交往，养成文明交往的习惯。

⑤ 引导幼儿接触优秀的儿童文学作品，感受语言的丰富和优美。

⑥ 培养幼儿对生活中常见的简单标记和文字符号的兴趣。

⑦ 利用图书和绘画，引发幼儿对阅读和书写的兴趣，培养前阅读和前书写的技能。

⑧ 提供普通话的语言环境，帮助幼儿熟悉、听懂并学说普通话，少数民族地区还应帮助幼儿学习本民族语言。

(3) 指导要点。

① 幼儿语言是通过在生活中积极主动地运用发展起来的，单靠教师直接"教"是难以掌握的。教师应充分利用各种机会，引导幼儿积极运用语言进行交往。

② 语言学习具有个别化的特点，教师应重视幼儿的个别交流和幼儿之间的自由交谈。

③ 语言能力是一种综合能力，幼儿语言的发展与其情感、思维、社会参与水平、交流技能、知识经验等方面的发展是不可分割地联系在一起的，语言教育应当渗透在所有的活动中。

2)《3～6岁儿童学习与发展指南》对语言教育目标的规定

(1) 倾听与表达。

① 认真听并能听懂常用语言。

② 愿意讲话并能清楚表达。

③ 具有文明的语言习惯。

(2) 阅读与书写准备。

① 喜欢听故事、看图书。

② 具有初步的阅读理解能力。

③ 具有书面表达的愿望和初步技能。

分析《幼儿园教育指导纲要(试行)》和《3～6岁儿童学习与发展指南》对语言教育目标的表述，可以看出以下倾向：

(1) 更加明确地提出语言运用能力方面的要求，适当降低了语言形式等知识方面的要求。

(2) 在文学作品的学习方面，更加突出文学作品的审美功能。

(3) 早期阅读能力的培养引起了足够的重视。重视支持性语言教育环境的创设，比如教师作为幼儿语言发展的支持者的作用得到了凸显，支持幼儿语言学习的个别需要，支持幼儿开放而平等的语言学习，支持幼儿在活动中扩展语言经验。

2. 幼儿园语言教育的年龄阶段目标

1)《3～6岁儿童学习与发展指南》对各年龄阶段语言教育目标的规定

(1) 倾听与表达。

目标1：认真听并能听懂常用语言，具体如表3-1所示。

表 3-1 目　标　1

年龄	3～4岁	4～5岁	5～6岁
目标	① 别人对自己说话时能注意听并做出回应。 ② 能听懂日常会话	① 在群体中能有意识地听与自己有关的信息。 ② 能结合情境感受不同语气、语调所表达的不同意思。 ③ 方言地区和少数民族幼儿能基本听懂普通话	① 在集体中能注意听老师或其他人讲话。 ② 听不懂或有疑问时能主动提问。 ③ 能结合情境理解一些表示因果、假设等的相对复杂的句子

教育建议：

① 多给幼儿提供倾听和交谈的机会。例如：经常和幼儿一起谈论他感兴趣的话题，或一起看图书、讲故事。

② 引导幼儿学会认真倾听。例如：成人要耐心倾听别人（包括幼儿）的讲话，等别人讲完再表达自己的观点；与幼儿交谈时，要用幼儿能听得懂的语言；对幼儿提要求和布置任务时要求他注意听，鼓励他主动提问。

③ 对幼儿讲话时，注意结合情境使用丰富的语言，以便于幼儿理解。例如：说话时注意语气、语调，让幼儿感受语气、语调的作用；对幼儿的不合理要求以比较坚定的语气表示不同意；讲故事时，尽量把故事人物高兴、悲伤的心情用不同的语气、语调表现出来。根据幼儿的理解水平有意识地使用一些反映因果、假设、条件等关系的句子。

目标 2：愿意讲话并能清楚表达，具体如表 3-2 所示。

表 3-2 目　标　2

年龄	3～4岁	4～5岁	5～6岁
目标	① 愿意在熟悉的人面前说话，能大方地与人打交道。 ② 基本会说本地区本民族语言。 ③ 愿意表达自己的需要和想法，必要时能配以手势和动作。 ④ 能口齿清楚地说儿歌、童谣或复述简短故事	① 愿意与他人交谈，喜欢谈论自己感兴趣的话题。 ② 会说本民族本地区的语言，基本会说普通话。少数民族聚居地区幼儿会用普通话进行日常会话。 ③ 能基本完整地讲述自己所见所闻和经历的事情。 ④ 讲述比较连贯	① 愿意与他人讨论问题，敢在众人面前说话。 ② 会说本民族本地区语言和普通话，发音正确清晰。少数民族聚居地区幼儿基本会说普通话。 ③ 能有序、连贯、清楚地讲述一件事情。 ④ 讲述时能使用常见的形容词、同义词等，语言比较生动

教育建议：

① 为幼儿创造说话的机会并体验语言交往的乐趣，每天有足够的时间与幼儿交谈。例如：谈论他感兴趣的话题，询问和听取他对自己事情的意见等；尊重和接纳幼儿的说话方式，无论幼儿的表达水平如何，都应认真地倾听并给予积极的回应；鼓励和支持幼儿与同伴一起玩耍、交谈，相互讲述见闻、趣事或看过的图书和动画片等；方言和少数民族地区应积极为幼儿创设用普通话交流的语言环境。

② 引导幼儿清楚地表达。例如：和幼儿讲话时，成人自身的语言要清楚、简洁；当

幼儿因为急于表达而说不清楚的时候，提醒他不要着急，慢慢说，同时要耐心倾听，给予必要的补充，帮助他理清思路并清晰地说出来。

目标3：具有文明的语言习惯，具体如表3-3所示。

表3-3　目　标　3

年龄	3～4岁	4～5岁	5～6岁
目标	① 与别人讲话时眼睛要看着对方。 ② 说话自然，声音大小适中。 ③ 能在成人提醒下使用恰当的礼貌用语	① 别人对自己讲话时能回应。 ② 能根据场合调节自己说话声音的大小。 ③ 能主动使用礼貌用语，不说脏话、粗话	① 别人讲话时能积极主动地回应。 ② 能根据谈话对象和需要，调整自己说话的语气。 ③ 懂得按次序轮流讲话，不随意打断别人。 ④ 能依据所处情境使用恰当的语言，如在别人难过时会使用恰当的语言给予安慰

教育建议：

① 成人注意语言文明，为幼儿做出表率。例如：与他人交谈时，认真倾听，使用礼貌用语；在公共场合不大声说话，不说脏话、粗话；幼儿表达意见时，成人可蹲下来，眼睛平视幼儿，耐心听他把话说完。

② 帮助幼儿养成良好的语言行为习惯。例如：结合情境提醒幼儿一些必要的交流礼节。对长辈说话要有礼貌，客人来访时要打招呼，得到帮助时要说谢谢等；提醒幼儿遵守集体生活的语言规则，轮流发言，不随意打断别人讲话等；提醒幼儿注意公共场所的语言文明，不大声喧哗。

(2) 阅读与书写准备。

目标1：喜欢听故事、看图书，具体如表3-4所示。

表3-4　目　标　1

年龄	3～4岁	4～5岁	5～6岁
目标	① 主动要求成人讲故事、读图书。 ② 喜欢跟读韵律感强的儿歌童谣。 ③ 爱护图书，不乱扔乱撕	① 反复看自己喜欢的图书。 ② 喜欢把听过的故事、看过的图书讲给别人。 ③ 对生活中常见的标识符号感兴趣，知道他们表示一定的意义	① 专注地阅读图书。 ② 喜欢与他人一起谈论与图书、故事有关的内容。 ③ 对生活情境和图书中的文字符号感兴趣，知道文字表示一定的意义

教育建议：

① 为幼儿提供良好的阅读环境和条件。例如：提供一定数量、符合幼儿年龄特点、富有童趣的图画书；提供相对安静的地方，尽量减少干扰，保证幼儿自主阅读。

② 激发幼儿的阅读兴趣，培养阅读习惯。例如：经常抽时间与幼儿一起看图书、讲故事；提供童谣、故事和诗歌等不同体裁的儿童文学作品，让幼儿自主选择和阅读；当幼儿遇到感兴趣的事物或问题时，和他一起查阅图书资料，让他感受图书的作用，体会通过阅读获取信息的乐趣。

③ 引导幼儿体会标识、文字符号的用途。例如：向幼儿介绍医院、公用电话等生活中的常见标识，让他知道标识可以代表具体事物；结合生活实际，帮助幼儿体会文字的用途；买来新玩具时，把说明书上的文字念给幼儿听，让他了解玩具的玩法。

目标2：具有初步的阅读理解能力，具体如表 3-5 所示。

表 3-5 目 标 2

年龄	3～4岁	4～5岁	5～6岁
目标	① 能听懂短小的儿歌或故事。 ② 会看画面，能根据画面说出图中有什么、发生了什么事等。 ③ 能理解图书上的文字和画面是对应的，是用来表达画面意义的	① 能大体说出所听故事的主要内容。 ② 能根据连续画面提供的信息大致说出故事情节。 ③ 能随着作品的展开产生喜悦、担忧等相应的情绪反应，体会作品所表达的情绪、情感	① 能说出所阅读的幼儿文学作品的主要内容。 ② 能根据故事的部分情节或图书画面的线索猜想故事情节的发展，或续编创编故事。 ③ 对看过的图书、听过的故事能说出自己的看法。 ④ 能初步感受文学语言的美

教育建议：

① 经常和幼儿一起阅读，引导他以自己的经验为基础理解图书的内容。例如：引导幼儿仔细观察画面，结合画面讨论故事内容，学习建立画面与故事内容的联系；和幼儿一起讨论或回忆书中的故事情节，引导他有条理地说出故事的大致内容；在给幼儿读书或讲故事时，可先不说名字，让幼儿听完后自己命名，并说出这样命名的理由；鼓励幼儿自主阅读，并与他人讨论自己在阅读中的发现、体会和想法。

② 在阅读中发展幼儿的想象和创造能力。例如：鼓励幼儿依据画面线索讲述故事，大胆推测、想象故事情节的发展，改编故事部分情节或续编故事结尾；鼓励幼儿用故事表演、绘画等不同的方式表达自己对图书和故事的理解；鼓励和支持幼儿自编故事，并为自编的故事配上图画，制成图画书。

③ 引导幼儿感受文学作品的美。例如：有意识地引导幼儿欣赏或模仿文学作品的语言节奏和韵律；给幼儿读书时，通过表情、动作和抑扬顿挫的声音传达书中的情绪、情感，让幼儿体会作品的感染力和表现力。

目标3：具有书面表达的愿望和初步技能，具体如表 3-6 所示。

表 3-6 目 标 3

年龄	3～4岁	4～5岁	5～6岁
目标	喜欢用涂涂画画表达一定的意思	① 愿意用图画和符号表达自己的愿望和想法。 ② 在成人提醒下注意写写画画时姿势正确	① 愿意用图画和符号表现事物或故事。 ② 会正确书写自己的名字。 ③ 写写画画时姿势正确

教育建议：

① 让幼儿在写写画画的过程中体验文字符号的功能，培养书写兴趣。例如：准备供

幼儿随时取放的纸、笔等材料，也可利用沙地、树枝等自然材料，满足幼儿自由涂画的需要；鼓励幼儿将自己感兴趣的事情或故事画下来并讲给别人听，让幼儿体会写写画画的方式可以表达自己的想法和情感；把幼儿讲过的事情用文字记录下来，并念给他听，使幼儿知道说的话可以用文字记录下来，从中体会文字的用途。

② 在绘画和游戏中做必要的书写准备。例如：通过把虚线画出的图形轮廓连成实线等游戏，促进幼儿手眼协调，同时帮助幼儿学习由上至下、由左至右的运笔技能；鼓励幼儿学习书写自己的名字；提醒幼儿写写画画时保持正确的姿势。

2) 教育实践中融合《纲要》和《指南》的对语言教育目标的规定

(1) 倾听。

具体如表 3-7 所示。

表 3-7 倾 听

年龄阶段	小 班	中 班	大 班
目标	① 乐意听老师和同伴讲话。 ② 能听懂普通话。 ③ 听别人说话时能保持安静，不打断别人说话	① 能有礼貌地、集中注意力地倾听他人说话。 ② 能区分普通话和方言的发音。 ③ 能理解多重指令	① 无论在集体场合还是个别交谈时均能认真、耐心地倾听他人的讲话。 ② 能辨别普通话声调、语调和语气的不同变化。 ③ 能理解并执行复杂的多重指令

(2) 表述。

具体如表 3-8 所示。

表 3-8 表 述

年龄阶段	小 班	中 班	大 班
目标	① 愿意学说普通话，喜欢与老师、同伴、成人交谈。 ② 知道在集体面前要大声发言，在个别交谈时音量要适当。 ③ 会用简单的语言回答问题，表达自己的请求、愿望、感情与需要等，能讲述图片内容和自己感兴趣的事	① 积极学说普通话，发音清楚，积极、有礼貌地参与交谈。不随便插话或打断别人的谈话。 ② 说话的音量和语速适当。 ③ 能用完整句子较连贯地讲述个人经历以及图片内容。 ④ 能大胆、清楚地表达自己的请求、愿望、情感和需要等	① 坚持说普通话，发音准确、清楚，能主动、热情、有礼貌地用正确的交流方式与人交谈。 ② 在不同的场合，会用恰当的音量、语速说话。 ③ 能连贯地讲述事件以及对图片、物品的认识。 ④ 能主动、大胆地使用适当的词、句、语段来表达，乐于参加讨论和辩论，敢于发表不同的意见

(3) 欣赏文学作品。

具体如表 3-9 所示。

表 3-9 欣赏文学作品

年龄阶段	小 班	中 班	大 班
目标	① 愿意欣赏并初步感受和理解不同体裁的幼儿文学作品。 ② 能独立地念儿歌，讲述简短的句子。 ③ 能仿写较简单的儿歌、散文和故事等	① 初步了解幼儿文学作品的不同体裁及构成因素。 ② 在理解作品经验的基础上，会初步理解和归纳作品的主题和作者的思想感情脉络。 ③ 会有表情地朗诵诗歌、散文，讲述故事等。 ④ 能根据作品提供的线索，进行想象和创造，编写构造内容，模仿编写诗歌和散文等	① 理解幼儿文学作品的不同体裁及构成因素。 ② 在教师的帮助下，分析作品中的特殊表现手法，体验作品的思想感情脉络。 ③ 有表情地表演故事、童话、诗歌和散文。能独立创编或与同伴共同创编故事、诗歌和散文的完整内容或部分内容

(4) 早期阅读。

具体如表 3-10 所示。

表 3-10 早 期 阅 读

年龄阶段	小 班	中 班	大 班
目标	① 知道可以用一段话来讲述一幅图的含义。 ② 知道每个字的发音不同，所代表的意思也不同。 ③ 喜欢听成人讲述图书的内容，并尝试自己阅读图书。 ④ 学习正确的阅读方法，会按顺序翻阅图书，能看出图书画面内容的主要变化	① 知道口头语言和文字的对应转换关系。 ② 能集中注意力倾听成人讲述图片中画面的文字说明，理解书面语言。 ③ 能独立阅读图书，理解画面内容。 ④ 对画面的文字感兴趣，主动学习认读常见的汉字	① 理解画面内容，会对画面的内容进行恰当的扩展和缩略表述。 ② 会保护和修补图书；会用绘画自制图书（可以让幼儿绘制画面，幼儿口述画面内容，教师或成人代笔记录画面的文字说明）。 ③ 对学习与阅读文字感兴趣，积极学习认读常见的汉字。 ④ 初步认识汉字的间架结构和书写风格，会用正确的笔顺书写自己的姓名以及常见的、简单的独体字

　　针对不同年龄的幼儿，对同一具体目标的要求有一定差异。例如：对幼儿倾听行为的培养，着重点应放在对语音语调的感知和对语义内容的理解上，应当通过教育逐步帮助幼儿建立起以下几种倾听技能：小班重在有意识地倾听，能够集中注意地倾听；中班侧重辨析忸地倾听，能够分辨听到的不同内容；大班强调理解性地倾听，能够掌握听到的主要内容，能够理解上下文的意思。

3. 幼儿园语言教育具体活动的活动目标

　　幼儿园教育的总目标和年龄阶段目标一般由专门的机构专家制订，但幼儿语言教育的具体活动目标一般由教师自己制订。它是指在某一具体的教育活动中要达到的目的，是总目标和年龄阶段目标在某一系列或某一次活动中的具体体现。有时候，具体活动目标是一次活动中要完成的任务，但也有可能是一组相近的活动或一个主题系列活动的目标，它们使具体的教育内容紧密地联系在一起。无论哪一种活动，都含有一定的目标要求并通过教师的活动计划和教育实践得以体现。

语言教育活动目标对幼儿园语言教育全过程具有指导作用：决定教育活动内容，影响教育方法和手段的选择，引导教育环境的布置，是指导教育评价的重要标准。

1) 具体活动目标的维度及内容

具体活动目标要依据总目标和年龄阶段目标制订，具体包括认知、情感、能力三方面。

(1) 倾听部分。

认知目标：懂得别人对自己说话时要注意倾听。

情感态度：目标喜欢听，并积极有礼貌地听别人对自己说话。

能力与技能目标：能集中注意力、有礼貌、安静地倾听；能听懂普通话；能分辨不同的声音和语调；能理解并执行别人的指令。

(2) 表述部分。

认知目标：懂得用适当的音量说话，有积极的表述愿望。

情感态度目标：喜欢与他人交谈，在适宜的场合积极、主动、有礼貌地与人交谈。

能力与技能目标：会说普通话，发音清楚，语调准确；能运用恰当的语句和语调表述意见和回答问题；能用完整、连贯的语句讲述图片和事件。

(3) 欣赏文学作品部分。

认知目标：懂得文学作品中运用的是规范而又成熟的语言；知道阅读和聆听文学作品能增加知识，使自己明白事理，并能感受到语言艺术的美。

情感态度目标：乐意聆听和阅读文学作品，积极参与文学作品的学习活动。

能力与技能目标：理解文学作品的内容，体会文学作品的语言美，积累文学语言；初步了解文学常识，会区别不同类型的文学作品及其构成要素；能用动作、语言、美术、音乐等不同表现方式积极反映对文学作品的理解；学会编构故事、表演故事，能开展诗歌、散文的欣赏与仿编活动等。

(4) 早期阅读部分。

认知目标：懂得口语、文字和图书的对应、转换关系。

情感态度目标：对图书和文字产生兴趣，喜欢认读常见的、简单的独体汉字。

能力与技能目标：掌握阅读图书的基本方法；能集中注意力阅读图书，倾听、理解图书内容；能学会制作图书并配以文字说明；了解汉字的书写风格，积极主动地认读常用字；能按规范笔顺书写自己的姓名和一些常见的独体汉字。

应当说，具体活动目标是为年龄阶段目标、语言教育目标服务的，是总目标以及年龄阶段目标的最终分解和具体化，语言教育正是通过每一个具体活动落实到幼儿身上的。因此，具体活动目标的积累便构成了年龄阶段目标乃至语言教育目标。每一次具体活动目标的实现，都向完成年龄阶段目标和语言教育目标迈进了一步。

2) 制订活动目标时的注意事项

在幼儿语言教育目标落实到每个幼儿的过程中，必须注意以下三点：

(1) 高层次目标要准确地转化为若干个低层次目标。

(2) 具体的教育过程中，教师要把握各个层次教育目标的内涵以及相互间的关系。

(3) 教师要根据目标来选择相应的教育内容，确定恰当的教育方法，从而确保目标的实现。

3) 活动目标的制订方法 (案例分析)

【素材】

城里来了大恐龙

大恐龙来到了城里，它觉得这个地方比它以前到过的任何地方都热闹。

大恐龙 "啪哒啪哒" 地走在马路上，可是它的身体太大，交通给堵塞了，汽车排起了长队，响起了喇叭。

大恐龙 "啪哒啪哒" 地走在铁路上，大恐龙的身体太重，铁路被踩得 "吱哩吱哩" 直响，火车也被震得跳起了舞。

大恐龙 "啪哒啪哒" 地走在胡同里，它闻到了人家厨房里飘出的阵阵香味，忍不住把头伸进窗户，可是大恐龙脖子太长，把人家的房顶都掀翻了。

大恐龙心里真难过。

城里的人感到，大恐龙给他们带来了危险。

这时一个聪明的小孩说："大恐龙走了许多路，一定是饿了。"他带着许多小朋友在马路上撒青草，大恐龙沿着这条青草路边吃边走，吃饱了就在十字路口打起了瞌睡。马路被堵住了，汽车从大恐龙身上、身下开过，大恐龙变成了立交桥。大恐龙身上痒痒的，睁开眼睛一看，想不到自己还有这么大的用处呢！

大恐龙觉得自己应该为城里人多做一点事，因为它是多么喜欢这个地方啊！一辆辆大卡车、面包车、小汽车从大恐龙身下开过去，一辆辆自行车、摩托车、三轮车从大恐龙身上骑过去，一群群大人、小孩从大恐龙身上走过……城市的马路畅通了，大家都说，大恐龙立交桥真好！

活动目标主要包括以下几点：

(1) 理解故事内容，萌发热爱动物、保护动物的情感。

(2) 会运用已有知识经验大胆想象。

(3) 能在集体面前积极说话，形成讲述故事的能力。

理论分析：

(1) 从认知、情感与态度、能力三个方面促进幼儿的发展。

(2) 站在幼儿的角度而不是教师的角度来表述目标。

(3) 活动目标应该是本次活动中确实想要达到的可行性的要求，而不是大而空的套话。

(4) 应该基于幼儿的年龄特点和已有的生活经验，并能促进幼儿在原有水平上提高。

(5) 应参照活动所属类别的总目标以及年龄阶段目标。比如，小班故事活动的目标表述就应参照小班文学活动的总目标。

【实操练习】

以大班故事《不开灯的晚上》为例，请根据这个年龄段 (5 ~ 6 岁) 幼儿文学作品的学习目标，设计具体活动目标。

【素材】

不开灯的晚上

落儿住在树林边的屋子里。每天晚上，屋子里的灯都亮晃晃的。

这一天，一群萤火虫在门外飞着。落儿打开门，请萤火虫进来。萤火虫怕屋子里的灯光，不肯进门。

落儿关上灯，萤火虫飞进不开灯的屋子，一闪一闪地飞着，像是一盏盏小灯。月光从窗口照进来，给屋里添上一点点亮。落儿第一次感到，不开灯那么有意思。

萤火虫往门外飞去，落儿跟着萤火虫来到外面。没有明亮的灯光，树林里黑幽幽的。

月亮在云的后面露出来，把树叶、树枝的影子映到地上。小星星的眼睛一眨一眨地看着落儿。

萤火虫往草丛里飞去，落儿听见草丛里的蟋蟀"蛐蛐蛐蛐"地唱着歌，小松鼠在树上"窸窸窣窣"地窜来窜去。

没有灯光的晚上，落儿看到了从来没有看到过的东西，听到了从来没有听到过的声音。

上　　　　　　　　　　　　下

学前儿童语言教育的目标

第二节　学前儿童语言教育的内容

幼儿园语言教育的内容是实现语言教育目标的手段，是幼儿教师设计和实施语言教育活动的主要依据。它既要贯彻社会对儿童发展的要求，又要反映出语言理论研究的最新成果，更要符合儿童语言发展的规律。

幼儿园语言教育的内容可以分为两大部分：一是教给儿童本民族的语言符号系统，在我国主要是指现代汉语的语音、词汇、语法及表达方式等；二是教儿童学习运用语言，其中既包括语言知识的传授，如语言的功能、语言交际规则等，也包括语言运用能力的实践训练。此外，由艺术语言构成的文学作品也是幼儿园语言教育的一项重要内容。

一、学前儿童语言教育内容的依据

1.学前儿童语言教育的目标

目标指明教育活动的目的、所要达到的结果，内容则是教育目标实现的载体。所以教学内容的选择一定要以目标为依据、为指向、为出发点。

(1) 学前儿童语言教育的目标是培养儿童的语言能力，也就是儿童对语言的理解能力和表达能力。

(2) 学前儿童语言教育的目标分为倾听、表述、欣赏文学作品以及早期阅读四个部分，每个部分都包含认知、情感与态度、能力三个方面。

(3) 根据语言教育目标确定教育内容，是把教育目标中的各部分、各方面要求转换为儿童学习语言的内容，使儿童通过多种多样的学习获得语言经验。这些内容有些是专门为学习语言而设计的，有些则是渗透在其他活动之中的。语言教育的目标和内容并不是完全对应的。

2. 学前儿童语言发展的特点

(1) 在非语言交际向口语交际转换的过程中，儿童需要学习听说轮换、及时反馈，对词语的理解和应用，构词成句、表达意思三方面的内容。

(2) 在口语向书面语言转换的过程中，儿童需要学习口头语言和书面语言之间的关系、识字两方面的内容。也就是说，儿童要理解说出的话与写出的字之间的关系、对不同字形的辨认以及对字形结构的分析。

3. 不同类型语言活动的特点

学前儿童是通过学习多种多样的活动而得到发展的。不同类型的活动各有其不同的特点及适用的语言教育内容，当然语言领域各种类型或特点的活动适合的语言能力各不相同，学习内容也各不相同。比如，听说游戏适合选择绕口令、颠倒歌、拍手歌、语词接龙等教学内容，创造性表述能力发展适合选择故事和诗歌续编仿编、看图讲述、情景讲述等内容。

二、学前儿童语言教育的具体内容

学前儿童语言教育内容包括专门的语言教育内容、渗透的语言教育内容两大类。

1. 专门的语言教育内容

专门的语言教育内容主要是为儿童提供机会，对他们在日常语言交际中获得的语言素材进行提炼和深化，达到对语言规则的理解及有意识运用。它主要包括学说普通话、谈话、讲述、听说游戏、学习文学作品和早期阅读等，这也是我国目前幼儿园语言教育中经常采用的、最基本的语言教育内容。

1) 学说普通话

普通话是全国推广的官方语言，是中国人的标准母语。让普通话成为中华大地的通用语，是我国的基本语言国策。前面章节我们已经提到学前期是儿童语言发展的关键期，此时听说读写普通话将会收到事半功倍的效果。

虽然专门的语言教育活动中没有专门组织学说普通话、推广普通话，但任何一个专门的语言教育活动中师生双方讲的都是普通话，实质上在进行着实打实的普通话教育活动。无论是专门的语言教育活动还是渗透的语言教育活动，教师必须说标准的普通话（考取幼儿教师资格证的前提条件即是普通话水平测试在二级乙等以上），当然也要要求、引导、教育幼儿说普通话。普通话语言环境是幼儿园教育的基本语言环境。

2) 谈话

谈话活动创设的是日常口语交往情境，要求学前儿童调动自己的已有经验，围绕一定的话题倾听他人的意见，表达自己的想法。谈话活动的重点在于培养学前儿童运用口头语言与他人交际的意识、情感和能力。

(1) 个别交谈：主动与别人进行交谈，尽量清楚、完整地表述自己的意思；集中注意力倾听别人的说话，针对别人的话提出询问或做出积极的应答；懂得交谈中要听说轮换，耐心而有礼貌地把谈话延续下去。

(2) 集体交谈：在自由活动或游戏活动中，能积极参与两个人以上的交谈，并根据需要发表自己的意见；在集体活动中，能注意倾听并理解教师的提问，并做出相应的回答。

3) 讲述

讲述活动主要为学前儿童创设正式的口语表达情境，使学前儿童有机会在集体面前表达自己对某一图片、实物或情境的认知、看法等，学习表述的方法和技能。这类活动培养学前儿童认真倾听的习惯和完整、连贯、清楚的表述能力，促进其独白语言的发展。讲述分为如下三类：

(1) 实物讲述和图片讲述。

(2) 拼图讲述和情景讲述。

(3) 经验讲述。

4) 听说游戏

听说游戏为学前儿童提供一种游戏情境，使学前儿童在游戏中按一定规则练习口头语言，培养学前儿童在口语交往活动中的快速、机智、灵活的倾听和表达能力。

5) 早期阅读

早期阅读活动利用图书、绘画为学前儿童创设一个书面语言环境，使学前儿童有机会接触书面语言，了解语言的基本文化内涵。早期阅读活动重点培养学前儿童对书面语言的兴趣，引导他们逐渐产生对汉字的敏感性，丰富他们前阅读和前书写的经验。

6) 学习文学作品

学习文学作品从某一具体文学作品入手，为学前儿童提供了一个全面语言学习的机会，使他们在理解感受作品的过程中，欣赏和学习文学作品提供的有质量的语言。学习文学作品着重培养学前儿童欣赏文学作品的能力，以及利用文学语言表达想象、表达生活经验的能力。儿童文学作品包括童话、儿童生活故事和自然故事、儿童诗歌、散文、谜语、绕口令等。优秀的儿童文学作品具有丰富的语言和生动有趣的情节，作品中人物个性鲜明，主题富有哲理，深受儿童喜爱。

2. 渗透的语言教育内容

1) 日常生活

(1) 在日常生活的不同场合，能认真倾听家长以及教师关于遵守行为规则的要求，并指导和约束自己与他人的行为。

(2) 在掌握行为规则的基础上，学习用语言评价自己和同伴的行为。

(3) 理解并执行教师、家长的指令。

(4) 在他人面前大胆讲述自己的见闻。

2) 人际交往

(1) 正确使用礼貌用语。

(2) 用语言向他人提出请求和表达愿望。

(3) 用适当的词、句或语气、语调与同伴展开讨论或辩论，协商与调解同伴之间的纠纷等。

3) 自由游戏

(1) 游戏时与同伴进行随意交谈，结合游戏情节自言自语或进行恰当的人物对话。

(2) 同伴之间会用语言协商、讨论以合作的形式共同开展游戏。

(3) 用连贯性语言评价游戏的规则执行情况与游戏开展情况，对游戏进行适当的小结。

4) 其他领域教育活动

陈鹤琴的"活教育"理论认为，五大领域活动（指科学、健康、社会、艺术、语文五项）是一个整体活动，像人的手掌上长着的五个手指，血脉相连、不可分割，应该进行五指活动，促进学前儿童整体的有机发展。

语言是人类基本的交流工具，在健康、社会、科学、艺术四个领域开展教育活动无不需要语言这个交流工具。教师组织观察、探究、行为练习等活动都要进行语言讲解，自然渗透了语言教育的内容；儿童在活动过程中要回答问题，通过讲述、讨论、谈话等形式来分享交流感受及经验，通过符号、标识、图表等记录观察或活动过程，实质上已经在进行听说读写等语言活动。在这些领域，语言教育内容包括：

(1) 在认识活动中，积极主动地提出问题和解答问题。

(2) 完整连贯地讲述所观察到的事物或现象。

(3) 在集体中，较长时间地倾听教师对各种学习内容的讲解和指导，理解学习的内容。

(4) 用几种不同的符号来表述对认知内容、认知过程的感受和认识。

学前儿童语言教育内容可以渗透融合在以上日常生活、人际交往、自由游戏以及其他领域教育活动中，春风化雨润物无声地进行。

【本章思考练习】

1. 幼儿园语言教育目标可分为哪几个层次？各有何含义？
2. 试简述确立幼儿园语言教育目标的依据。
3. 简要说明幼儿园语言教育内容的结构和主要内容。

第四章　学前儿童语言教育的方法与途径

【思维导图】

学前儿童语言教育的方法与途径
- 学前儿童语言教育的方法
  - 示范模仿法
  - 视、听、讲、做结合法
  - 游戏法
  - 表演法
  - 练习法
- 学前儿童语言教育的途径
  - 开展专门的语言教育活动
  - 创设积极的语言交往环境
  - 在日常生活中进行语言交往
  - 在其他领域教育活动中随机开展语言教育

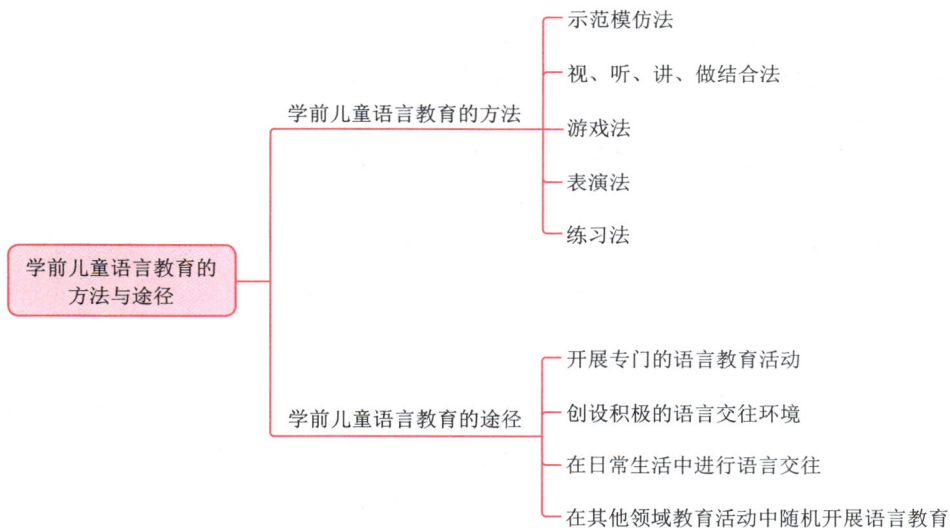

既体现先进的学前儿童语言教育观、适合学前儿童语言发展的特点，又符合教育规律的语言教育的方法与途径，是实现学前儿童语言教育目标的基本保障和有效手段。

第一节　学前儿童语言教育的方法

从本质上说，学前儿童语言教育是指成人为发展学前儿童的语言创设条件和提供机会，让学前儿童参与各种丰富多彩的活动，在与人、物、环境、材料等交互作用过程中学习语言、发展语言。学前儿童语言教育的方法是根据儿童语言发展理论、儿童学习语言的规律、儿童语言教育目标以及多年来儿童语言教育实践经验归纳出来的。一般的学前儿童语言教育方法有示范模仿法，视、听、讲、做结合法，游戏法，表演法和练习法等。

一、示范模仿法

示范模仿法是指教师通过自身的规范化语言，为儿童提供语言学习的样板，让儿童始终在良好的语言环境中自然地模仿学习 (有时也可以由语言发展较好的儿童来示范)。

这一方法的具体运用如下：

(1) 教师的言语示范一定要规范、到位。

幼儿教师在说话时，除要咬字清楚、发音准确、辅以自然的表情和恰当的手势外，还要注意语言的表达，包括运用适当的音量、语调、速度等。教师的言语示范必须做到正确、清楚、响亮，而且要富于表现力和感染力。

(2) 教师要把握好示范的时机和力度。

语言教育中一些新的、儿童不易掌握的学习内容，教师要反复地重点示范，如难以发准的音，新词句的学习，人物的对话，连贯的讲述，需要儿童作为仿编参照的原词句等，让儿童有意识地进行模仿学习。

(3) 教师要恰当地运用"显性示范"和"隐性示范"的手段。

语言教育中教师要恰当地处理好"显性示范"和"隐性示范"两种手段的运用。对于教学重点和难点问题，教师应依据儿童语言发展的水平和特点恰当地选用不同的示范方法。

(4) 教师要积极观察儿童的语言表现，妥善地运用强化原则。

教师要关注各种活动中儿童的语言表现，善于发现儿童语言发展的差异，因材施教，随时鼓励儿童正确的语言行为和习惯，并加以强化；要及时指出错误，尽量避免重复儿童不正确的语言，产生误导；要避免过于挑剔儿童语言中的错误，打击儿童学习的积极性。

二、视、听、讲、做结合法

视、听、讲、做结合法是依据直观法和观察法并结合儿童语言学习的特殊性而提出的。所谓视，是指教师提供具体形象、可视的讲述对象；所谓听，是指教师通过用语言描述、启发、引导、暗示、示范等方法，让儿童充分地感知与领会；所谓讲，是指儿童在感知、理解的基础上，充分地表述个人的认知；所谓做，是指教师给儿童提供一定的想象空间，通过儿童的参与或独立操作，帮助儿童充分地构思，从而组织起更加丰富、连贯、完整、富有创造性的语言进行表述。

这一方法的具体运用如下：

(1) 教师所提供的语言教育辅助材料，应该是儿童接触过的、较熟悉的或符合儿童认知特点的。

(2) 教师教会儿童观察讲述对象的方法，给儿童留有一定的观察时间和空间。

(3) 教师的提问要有顺序性、启发性，帮助儿童构思与表述。

(4) 教师根据儿童的实际语言水平，提出不同的表述要求，要求儿童在动手、动脑、动口的学习中获得语言经验。

三、游戏法

游戏法是教师运用有规则的游戏，训练儿童正确发音，丰富儿童词汇和句式的一种好方法。游戏是最符合学前儿童年龄特点的活动，运用游戏法进行教育是儿童语言教育中常见的活动方式之一，目的在于提高儿童的学习兴趣，集中儿童的注意力，促进儿童各种感官和大脑的积极活动。

这一方法的具体运用如下：

(1) 根据儿童语言教育的目标与内容，选择和编制游戏，要求目标明确，规则具体，便于儿童理解，达到训练语言能力的目的。

(2) 在运用游戏法的同时，可配合使用教具或学具。

四、表演法

表演法是在教师的指导下，学前儿童学习表演文学作品，以提高口语表现力的一种方法。

运用表演法时教师必须注意：

(1) 让儿童在理解故事、诗歌、散文、绕口令等文学作品内容并熟悉内容或熟练朗读的基础上进行表演。

(2) 鼓励儿童在故事表演中创新内容，增加情节与对话，大胆发展故事情节，恰当地进行动作设计并丰富人物的心理刻画。

(3) 努力为全体儿童提供参与表演的机会。

五、练习法

练习法是有意识地让儿童多次使用同一个言语因素 (如语音、词汇、句子等) 或反复训练儿童某方面言语技能技巧的一种方法。在学前儿童语言教育中，大量的口头练习是非常必要的。

这一方法的具体运用如下：

(1) 明确练习目标，逐步提高练习要求。

(2) 要求儿童在理解内容的基础上，进行具有独创性的练习，避免简单、枯燥的重复。

(3) 练习方式应生动活泼，形式变换多样，以调动儿童练习的积极性。

以上列举的几种方法是学前儿童语言教育中常见的方法，教师在实际运用的过程中还需结合本班儿童语言发展和语言学习的特点，选择和创造更为恰当的教育方法。有时各种语言教育方法可以互相配合，综合运用，以便更好地促进儿童语言的发展。

第二节　学前儿童语言教育的途径

学前儿童语言教育的途径有如下几种。

一、开展专门的语言教育活动

幼儿园或托幼机构中，语言教育的主要途径是开展专门的语言教育活动。教师根据教育目的、学前阶段教育目标、儿童身心特点尤其语言发展规律，充分发挥和利用自己的专业优势，精心设计各种专门的语言教育活动，以最恰当的方式方法，有目的、有计划、有组织地推动儿童语言发展。

二、创设积极的语言交往环境

《3～6岁儿童学习与发展指南》指出，作为交流和思维的工具，儿童的语言能力是在交流和运用的过程中发展起来的；应为儿童创设自由、宽松的语言交往环境，鼓励和支持儿童与成人、同伴交流，让儿童想说、敢说、喜欢说并能得到积极回应；为儿童提供丰富、适宜的低幼读物，经常和儿童一起看图书、讲故事，丰富其语言表达能力，培养阅读兴趣和良好的阅读习惯，进一步拓展学习经验。

综上可知，儿童语言发展的基本途径是交流和运用。当然，这种交流和运用必须是在为儿童创设的语言交往环境下进行的。

语言交往环境包括物质环境和精神环境两个方面，在此我们只讨论精神环境（或心理氛围）。精神环境又分为消极的语言交往环境与积极的语言交往环境。

1. 消极的语言交往环境

消极的语言交往环境不利于儿童语言的发展。在语言教育过程中，教师的以下做法是不可取的。

(1) 教师经常使用侮辱、恐吓、指责等易引起儿童负面情感体验的否定性语言。

(2) 教师冷漠，很少与儿童谈话。

(3) 教师经常打击儿童表达交流的积极性。

(4) 教师对儿童说话不礼貌、不友好（诸如使用"滚"字）。

(5) 教师消极评价儿童（诸如说"你真笨"）。

(6) 教师主导每天的交流活动。例如，大部分时间都是教师在讲，儿童听到最多的声音是教师的声音；教师规定交流的时间节点、主题、规则；教师用发号施令的方式主导儿童的交流活动。

2. 积极的语言交往环境

积极的语言交往环境有利于儿童语言的发展。

在语言教育过程中，教师应做到：

(1) 主动与儿童交流。

(2) 积极与儿童交流。

(3) 礼貌、友好、尊重地与儿童交流。

(4) 尽力营造轻松愉快、鼓励支持的语言交流氛围。

三、在日常生活中进行语言交往

1. 在日常生活中指导儿童学习语言

(1) 成人可以通过日常交往了解儿童语言发展的现状，给儿童以针对性的指导。在非常自然的情境中，儿童往往能很真实地表现自己的语言水平、表达态度、展现行为习惯。

(2) 成人可以在交往中为孩子提供言语示范，丰富儿童的词汇。成人可以与儿童交谈，向他们介绍各种物品的知识，如名称、外形、颜色、用途和使用方法等。在介绍这些生活常识的过程中，成人也在向儿童展示相关的词汇和句式。

(3) 成人可以在帮助儿童建立生活常规的过程中，提高儿童理解语言并按语言指令行动的能力。通常成人通过语言指令来组织儿童的日常生活，如临近用餐时间，教师便要求儿童收拾玩具、盥洗、安静地等待进餐。为了使儿童明确这些语言指令的含义，最初应把这些指令与相应的行动结合起来。

(4) 成人要抓住与儿童日常交往的有利时机，为儿童提供良好的言语示范，并在交往过程中观察和了解儿童的语言发展状况。

2. 通过常规主题活动发展儿童的语言

这里所说的常规主题活动主要是指托儿所和幼儿园组织儿童定期参加的围绕某个话题展开的语言活动。目前各托幼机构经常进行的语言常规主题活动主要有以下几种形式。

1) 天气播报员

在每天早晨来园之后、早操之前这段时间，请一名儿童向全班儿童播报当日的天气情况。天气播报员可以由值日生轮流担任，也可以由教师指定。为提高儿童对此活动的兴趣，丰富儿童的语言内容，教师还可以启发儿童根据当日气温和特殊的天气状况，结合自己的生活经验进行讲述。

2) 周末趣闻

这项内容通常安排在每周一，让儿童从双休日的经历中选出最有趣或最有意义的事情进行讲述，可以在集体中讲述，也可以让儿童与老师或同伴自由交谈。由于是儿童的直接经验，因此印象比较深刻，儿童非常感兴趣，参加的积极性也较高。

3) 小小广播站

由于综合性比较强，对儿童口语表达能力要求比较高，因此，这项活动多在幼儿园大班开展，但广播站的某些节目也可以在中班或小班组织收听。其内容主要包括：报告午餐菜谱，表演文娱节目，介绍新闻，讲述近期涌现的好人好事，介绍新书或玩具，开展知识问答，欣赏文学作品等。

3. 通过区域活动发展儿童的语言

1) 利用图书角和语言角进行语言教育

托儿所和幼儿园如果有条件，可以为儿童设立一个"小小图书馆"，随时向儿童开放。儿童可以根据现阶段的兴趣以及各领域学习的需要去看书或借书。这可以从小培养儿童对书籍的兴趣，并培养儿童利用图书资料查询收集信息的能力。我国幼儿园比较常见的做法是在托儿所和幼儿园各班开设图书角。

语言角的主要作用是让儿童进行口语表达训练。教师可以在语言角里准备一些图片和剪贴用具，如旧的儿童画报，以便儿童练习讲述，或边制作边讲述。教师还可以在语言角里投放一些识字图片和填图游戏卡，并准备一些书写工具，以便有兴趣的儿童认读汉字和练习拿笔写字等。

2) 在活动区活动中随机进行语言教育

活动区的设立为儿童自主选择游戏内容提供了多种可能性，同时也增加了儿童之间的交往机会。此外，儿童在活动区活动时，常常一边摆弄各种玩具物品，一边与同伴自由交谈。教师要鼓励儿童与同伴进行谈话，并利用巡回指导的机会引导儿童扩展谈话的内容。

四、在其他领域教育活动中随机开展语言教育

幼儿园除进行语言教育活动外，还有许多其他领域(如数学、科学、音乐、美术、健康等)的教育活动。这些教育活动虽然不以语言为主要内容，但其中部分活动包含着大量的语言教育因素，儿童在这些教育活动中也在不断地学习新词、新句，尝试用语言与同伴或周围成人交往。因此，教师可以在这些教育活动中对儿童进行适当的语言教育。

1. 其他领域教育活动与语言教育的关系

其他领域教育活动与语言教育的关系体现在以下几个方面。

(1) 各种教育活动为儿童提供了语言活动的素材。

儿童在其他领域教育活动(如数学、美工制作、科学探索等)中所获得的经验丰富了儿童谈话和讲述的内容。如果没有多种活动的经验，儿童的语言内容就可能枯竭。正是由于儿童在各种教育活动中接触了大量的物体，观察过多种现象，体验过多种活动，探索了事物间的关系，他们才有可能在语言活动中理解和运用不同类型的词语和表述方法充分阐明自己对事物的认识。

(2) 其他领域教育活动为儿童言语表达和言语交际提供了条件。

很多教育活动都是由教师提出言语指令或要求，儿童跟随指令或要求做出行动(如体育活动)。因此，从活动开始到结束，儿童都是在倾听教师的指令，执行指令。在此过程中，儿童集中注意力倾听和听指令行动的能力得到充分锻炼与提高，这在一定程度上也体现了学前儿童语言教育目标的要求。此外，各种教育活动在教育组织形式上往往采用集体活动、小组活动和个别活动交替进行的方式。这些不同的教育组织形式及对应的言语交流形式为儿童提供了很好的机会，不但锻炼了儿童的言语技能，而且使他们体验到不同交往情境与交往行为的关系。例如，面向集体讲话时声音要响亮，在个别交谈时声音则要适度；在小组活动中既要表达自己的愿望，又要倾听同伴的话，听、说有机地轮换。这些经验是语言教育最终期望儿童达到的水平之一。可见，其他领域教育活动在实施的过程中，通过为儿童提供多种语言运用的机会，使儿童的语言能力得到了相应的发展。

(3) 其他领域教育活动中的各种符号学习可以帮助儿童理解语言的符号特性。

儿童的语言学习就是要学习语言符号系统，并在语言符号与其代表的事物之间建立联系。生活中除了语言符号外，还有许多其他符号，如数字符号、音乐符号等，这些非语言符号和语言符号是可以相互转换的，如某个音乐作品的音符所流露出来的情感可以用语言来说明。

2. 其他领域教育活动中语言教育的随机渗透

1) 在数学教育活动中随机渗透语言教育

与语言教育活动不同，数学教育活动没有许多优美动听的语句或丰富的词汇，却要求儿童有快速的反应能力、敏捷的思维能力和精确的语言表达能力。

2) 在科学教育活动中随机渗透语言教育

科学教育活动中的语言信息交流方式主要包括描述和讨论两种。儿童在描述和讨论中既可以提出自己的观点与想法，又可以交流自己的探索和操作过程、操作方法，以及从中获得的情绪体验。

3) 在音乐教育活动中随机渗透语言教育

生活中处处有音乐，语言和音乐有着非常密切的关系。凭借儿童对音乐的特别情感和特殊领悟力，可逐渐在中大班的音乐教育活动中渗透听音乐学语言的内容。

4) 在美术教育活动中随机渗透语言教育

儿童的世界是充满色彩的，可以在他们画完作品后，让他们对自己的作品进行介绍，也可以在绘画活动中加入儿童喜闻乐见的儿歌形式，提高儿童的学习兴趣。

5) 在健康（体育）教育活动中随机渗透语言教育

在体育活动中，应先让儿童观看老师的示范动作，再让儿童讲述并讨论老师的动作要领及注意事项；然后请一名儿童模仿老师的动作，再请这名儿童说说他是怎样做好这一动作的。这样可以使儿童通过自身体验讲出各种活动的特色，从而锻炼儿童的语言表达能力。

3. 其他领域教育活动中进行语言教育必须注意的问题

(1) 通过计划—操作—回忆的活动程序为儿童提供交流的机会。

教育活动是儿童主动活动的过程，教育活动的主体是儿童，教师要在教育活动中帮助或引导儿童自己计划活动进程。在儿童自主活动过程中，教师要为儿童提供充分的语言交流机会，鼓励他们将自己独特的感受表达出来。这样可使儿童在认识事物的过程中既互相交流认识经验，又锻炼语言表达能力。

(2) 避免语言教育喧宾夺主，影响其他领域教育目标的实现。

其他领域教育活动的存在都有其独特的价值，在促进儿童身心和谐发展方面有着不可替代的作用。我们不能为强调语言教育而忽视其他领域的教育，这是幼儿园教育活动中所应注意的问题。

(3) 鼓励儿童与同伴进行合作与交流。

教师要充分利用各种教育活动中同伴之间合作和交流的机会。当儿童在生活中遇到困难和问题时，教师要启发儿童动脑筋，与同伴商量，找到解决问题的方法。这样既促进了同伴之间的协商与合作，又有助于发展儿童与同伴之间的语言交往能力。

(4) 为儿童提供规范的语言示范，鼓励儿童积极表达。

教师除要为儿童提供规范的语言让儿童模仿和学习外，还要努力为儿童创设一种宽松自由、轻松愉快的心理环境和语言环境，使儿童有机会自由表达心声。教师真诚而坦白的表达，师生之间平等的交谈，将有效地激发与增强儿童运用语言表达思想感情的动机和兴趣。

【本章思考练习】

1. 怎样理解日常生活中的语言教育？
2. 学前儿童语言教育的一般方法有哪些？
3. 试简述学前儿童语言教育的途径。
4. 语言教育如何渗透于其他领域教育活动中？
5. 观看一次幼儿园语言教学活动，列举活动中主要采用的语言教育方法及其优缺点。

第五章　学前儿童语言教育的评价

【思维导图】

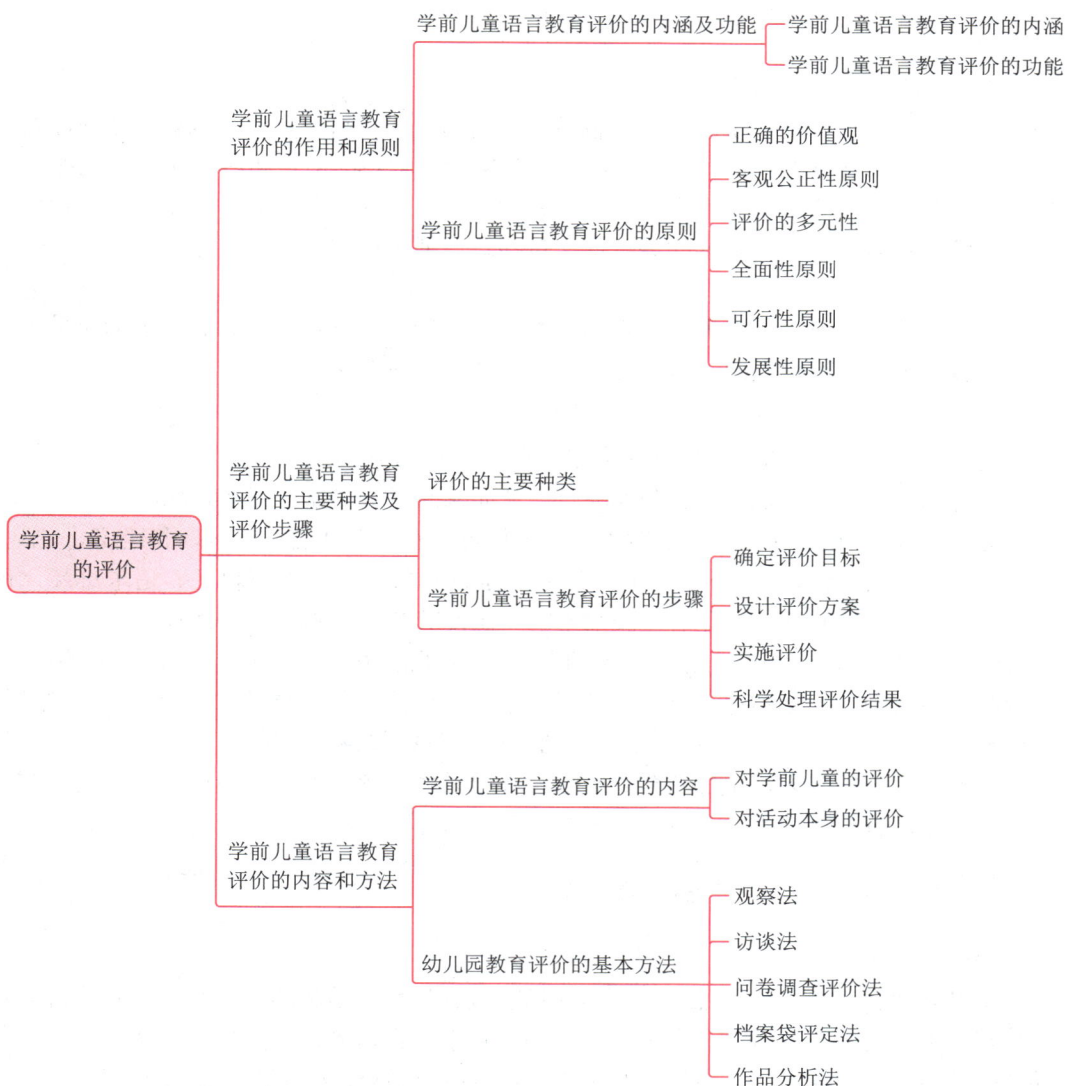

学前儿童语言教育评价的内涵及功能 ─ 学前儿童语言教育评价的内涵
　　　　　　　　　　　　　　　　　　└ 学前儿童语言教育评价的功能

学前儿童语言教育评价的作用和原则

学前儿童语言教育评价的原则
- 正确的价值观
- 客观公正性原则
- 评价的多元性
- 全面性原则
- 可行性原则
- 发展性原则

学前儿童语言教育的评价

学前儿童语言教育评价的主要种类及评价步骤

评价的主要种类

学前儿童语言教育评价的步骤
- 确定评价目标
- 设计评价方案
- 实施评价
- 科学处理评价结果

学前儿童语言教育评价的内容和方法

学前儿童语言教育评价的内容
- 对学前儿童的评价
- 对活动本身的评价

幼儿园教育评价的基本方法
- 观察法
- 访谈法
- 问卷调查评价法
- 档案袋评定法
- 作品分析法

评价是指主体对客体有无价值以及价值大小所作的判断。教育评价即对教育活动所作的价值判断。教育评价具有诊断、改进、激励、导向功能。

《幼儿园教育指导纲要（试行）》指出："教育评价是了解教育的适宜性、有效性，调整和改进工作，促进每一个幼儿发展、提高教育质量的必要手段。""评价的过程是教师运用专业知识审视教育实践，发现、分析、研究、解决问题的过程，也是教师自我成长的过程。"学前儿童语言教育评价既包括对学前儿童语言发展的评价，也包括对教师设计及组织语言教育活动过程的评价。

第一节　学前儿童语言教育评价的作用和原则

一、学前儿童语言教育评价的内涵及功能

1. 学前儿童语言教育评价的内涵

幼儿园语言教育活动评价即收集语言教育活动的设计、组织和实施过程中各方面的信息，依据一定的客观标准对语言教育活动及其效果做出客观的衡量和科学的判定过程。

学前儿童语言教育评价是对学前儿童语言教育整个活动过程的整体、全方位的价值判断。其中既包括对儿童语言发展的评价，又包括对教师设计和组织语言教育过程、内容、方法、效果的判断。

学前儿童语言教育评价有助于实现语言教育活动的目标，提高语言教育活动质量，协调语言教育与其他领域教育的关系，更好地实现全面发展教育。

2. 学前儿童语言教育评价的功能

(1) 教育诊断：评价的价值取向是通过对收集到的资料信息进行整理分析，发现教育活动中教师和儿童双方表现的问题和优缺点，从而判断评价对象的基本状况。

(2) 改进功能：在诊断的基础上对下一步工作提出有针对性的教育策略和建议。

(3) 激励功能：评价本身不是目的，目的是激励对象更好地调整自己、追求进步，评价必然直接或间接地对评价对象心理施加影响，激发其实现目标，追求优越。

(4) 导向功能：评价是一个根据标准进行价值判断的过程，是一个以标准为准绳、导引教育活动使之向评价标准逐渐靠拢的过程，是一个不断完善、追求更高质量的教育过程。

明确评价的功能可以帮助我们依据《幼儿园教育指导纲要（试行）》《3～6岁儿童学习与发展指南》的要求，更加科学合理地设计语言教育评价体系和指标，正确展开评价工作，避免在教育过程中不顾儿童语言发展的实际而提出不利于可持续发展的要求。

二、学前儿童语言教育评价的原则

1. 正确的价值观

学前儿童语言教育评价既然本质上是对语言教育过程及结果的价值判断，其价值取向当然要符合世界主流学前教育理念，反映先进、科学、合理的儿童观、教育观，否则将会误导教师的语言教育实践，从而妨碍儿童语言甚至身心的正常的全面和谐发展。

2. 客观公正性原则

客观公正性原则是一切科学研究者必须遵守的基本原则，是科学素养的基本要素，学前语言教育评价当然也不能例外。这要求评价者在评价过程中采取客观的、实事求是的态度，科学地确定评价标准，无论对教师还是儿童都一视同仁、客观对待，客观解读评价对象的表现，尽量减少情感、喜好、功利等个人因素、主观臆断的影响。

3. 评价的多元性

评价的多元性包括：

(1) 主体的多元性。教师自己、领导、同事、教育行政管理者、儿童、家长、社会都可以成为评价主体。

(2) 目的的多元性。

(3) 方法手段的多元性。

4. 全面性原则

《幼儿园工作规程》规定学前教育的目标是"贯彻国家的教育方针，按照保育与教育相结合的原则，遵循幼儿身心发展特点和规律，实施德、智、体、美等方面全面发展的教育，促进幼儿身心和谐发展"。儿童的发展是全面的、完整的发展，学前语言教育观亦是完整的语言教育观，学前儿童语言教育的目标、内容、过程、方法手段、途径都是全面的，所以学前儿童语言教育评价当然要在全面性的框架下进行。评价的项目要全面，收集的信息要全面，评价指标体系要全面，不能偏听偏信。唯有如此，才能保证评价标准的全面性和评价过程中收集信息的全面性，从而使评价工作更科学、客观、准确。

5. 可行性原则

学前儿童语言教育评价是对学前语言教育现象进行的实际测量和评定，并根据测评结果做出价值判断，所以它必须具有很强的可操作性和实践性。

(1) 评价指标体系要简便易测，在全面、科学的基础上保证评价指标体系切实可行，要符合学前教育领域各级各类人员的科研能力，尤其是一线学前教师开展园本教研的驾驭能力。

(2) 评价指标要有一致性和普遍性。《幼儿园工作规程》《幼儿园教育指导纲要 (试行)》《3 ~ 6 岁儿童学习与发展指南》这些学前教育的纲领性指导文件规定了我国学前教育全面发展的总目标，规定了学前儿童各个年龄阶段语言发展的总目标和分目标，这是我们进行学前语言教育评价的依据和出发点，具有普遍性和一致性。任何语言教育评价都必须在这个意义上达成一致，以保证有客观的标准来区分评价对象的优劣及价值的高低。

6. 发展性原则

学前儿童语言教育评价的目的不仅仅是鉴定学前机构语言教育的水平，更以促进语言教育质量不断提高和学前儿童语言发展为最终目的。依据目标，重视评价过程，充分发挥评价的反馈调节功能，及时发现问题和不足，并对存在的问题做出适时适当的调整改进，评价和指导相结合，从评价到反馈指导、调节改进循环往复，才能不断改进学前儿童语言教育活动的质量，实现师幼双方共同发展。

第二节 学前儿童语言教育评价的主要种类及评价步骤

一、评价的主要种类

从不同角度，根据不同的特征，学前儿童语言教育活动评价可以分为以下几种类型。

(1) 根据评价主体，分为自我评价、他人评价、内部与外部相结合的评价。

(2) 根据评价对象的范围，分为整体评价和局部评价。

(3) 根据评价方案目标的预定性，分为正式评价和非正式评价。

(4) 根据评价的运行时间，分为诊断性评价、形成性评价、终结性评价。

① 诊断性评价：目的在于了解评价对象的基础情况，有效发现问题，为制订语言教育教学活动计划、设计活动方案或解决某些语言教育中的实际问题作准备(比如摸底预测)。

② 形成性评价：在教育过程中持续进行，目的在于了解语言教育动态过程的成效，以便及时做出反馈性调节，获取改进工作的依据，提高教育活动的质量。

③ 终结性评价：在完成某个阶段教育活动后进行，目的在于全面了解该活动的结果，对达成目标的程度做出总结性评价。注重教育活动的结果主要是事后评价，为各级各类决策者提供信息。

(5) 根据评价参照体系，分为常模参照评价、标准参照评价、个体内差异评价。

① 常模参照评价：用个体测量结果与同一团体的平均分数(常模)相比较，确定个体成绩在团体中的相对位置。因测评的是个体的相对水平，故又叫相对评价。

② 标准参照评价：又叫绝对评价，以某种能体现教育教学目标的标准［如《3～6岁儿童学习发展指南》《幼儿园教育指导纲要(试行)》对学前儿童语言教育目标的规定］为准绳，确定评价对象是否达到标准及达到的程度。它主要运用于对基本知识及技能的测试。标准参照评价重视的是评价对象在既定标准方面的实际水平，而不是比较评价对象之间的相对位置。

③ 个体内差异评价：在时间上纵向比较评价对象个体的现在和过去，或将同一对象的若干侧面进行比较。例如，对某一儿童学期初和学期末词汇的积极运用、语用技能进行比较，评价其进步程度。个体内差异评价经常与相对评价相结合。

(6) 根据收集和分析资料的方式分为质的评价、量化评价、混合性评价。

二、学前儿童语言教育评价的步骤

学前儿童语言教育评价有四个步骤，即确定评价目标，设计评价方案，实施评价，科学处理评价结果。

1. 确定评价目标

评价发起人首先要形成自己的评价概念框架，建立一个概念型模式(称为理论模式)，勾画出评价对象或现象的主要成分元素及其关系，明确评价工作的真正含义，以及所要解答的问题、期望获得的信息。每一项评价都以特定的目的为出发点，务必厘清为何评价

(why)、由谁评价 (who)、评价什么 (what) 三个问题。

2. 设计评价方案

评价方案是评价工作的关键性指南，是整个评价工作的总体结构与工作计划，它将评价的理论模式细化为具体、可操作的评价工作。

完整的方案包括三方面内容：一是对评价类型、性质、目的、对象、范围、评价体系的明确说明；二是对评价工作的组织、人员构成、程序、方法、预算与时间安排的说明；三是对评价结果运用方式的说明。

3. 实施评价

实施评价包括三个方面，即准备资料、收集资料和整理分析资料。

1) 准备资料

应按照评价要求做好人员准备和物质准备。人员准备包括设置评价机构，组织评价人员、对人员进行理论、技术培训及思想动员工作；物质准备包括相关文件和工具的准备。

2) 收集资料

评价者应组织有关人员利用涉及的方法和工具，通过谈话、观察、问卷、作品分析等活动获取学前儿童语言教育活动的相关信息。

3) 整理分析资料

应对收集到的资料进行检查核实，通过筛选、归类和建档等方式加以整理和加工处理。分析评价信息资料一般以各项评价指标及其参照标准为尺度。应根据整理的评价对象的信息，对评价对象达到评价各类指标的程度进行评分或做出描述。

4. 科学处理评价结果

评价人员全面分析全部资料后，形成对评价对象的综合性判断意见，做出评价结论。学前儿童语言教育评价结果的处理包括：一是形成评价报告，二是反馈评价结果。

第三节 学前儿童语言教育评价的内容和方法

一、学前儿童语言教育评价的内容

1. 对学前儿童的评价

依据引起儿童身上出现的变化或儿童在活动中的表现，可将对学前儿童的评价分为两种情况：一种是静态的评价，即从儿童学习效果角度对目标达成情况进行分析和评价；二是动态的评价，即对儿童在活动中表现出来的独特见解和儿童参与活动的程度进行分析评价。

1) 对目标达成的评价

评价语言教育活动目标的达成情况要有整体观念。第一层次为《幼儿园教育指导纲要（试行）》《3～6岁儿童学习与发展指南》提出的语言教育方向要求，其全面规定了学前儿童在语言教育领域的发展；第二层次是学前儿童语言教育各种类型活动的核心经验，其对儿童在语言某一个方面的发展作了一个规定；第三层次是学前儿童语言教育具体活动的目标，其对儿童每一次具体活动之后应该产生的变化提出了具体要求。三个层次目标在整个语言教育目标系统中相互联系、相互渗透。

一般从以下三个方面分析目标达成情况。

(1) 认知目标：了解儿童是否获得了目标所规定的语言知识，是否掌握了有关的词汇和句型，是否懂得了什么样的语言环境下运用这些词汇和句型。

(2) 情感目标：了解儿童是否形成了耐心倾听别人说话的态度，是否乐意在集体面前讲述自己经历的事情和图片内容，是否懂得遵守语言交往中的一般规则。

(3) 能力目标：了解儿童组词成句的能力和在具体语言环境下运用语言的能力，是否能根据活动中的语言情境来运用有关词汇、语法和语调，是否能用连贯语句表达清楚自己的意思。

完成以上三方面分析的同时还要对达成程度 (分为完全达成、基本达成、未达成三个层次) 做出判断。从目标是否全面完整和达成程度两个维度进行分析，可以对儿童经过语言教育活动之后的变化有所了解。

2) 对儿童在活动中表现出来的独立见解进行的评价

对儿童在活动中表现出来的独立见解进行的评价用于考察儿童对活动目标要求的理解程度以及自己独有的生活学习经验与该活动中语言学习任务之间的相互作用情况等。进行评价时，需要列出某一儿童与其他儿童不一样的具体语言行为表现。

3) 对儿童参与活动程度的评价

通过对儿童参与活动程度进行动态的评价，可以了解活动设计组织情况及儿童语言发展情况，因而重视观察儿童在活动中的表现是评价的关键。儿童参与活动的程度也分为三个层级：主动参与、一般参与、未参与。

(1) 主动积极是儿童参与活动的最佳状态。

在这种状态下，儿童有强烈的学习动机、浓厚的学习兴趣。儿童在活动中集中注意力，专心倾听教师的指导用语和同伴的发言，乐意在集体面前表达自己的观点或叙述一件事情；在分组活动中情绪高涨，气氛活跃。若某一教育活动过程中儿童能积极主动参与，就说明该活动从目标的制订到内容的选择都是恰当的，当然更说明儿童的发展状况是良好的。

(2) 一般参与是儿童参与活动程度的中间状态。

在这种状态下，儿童虽然进行着学习活动，但基本属于被动学习：需教师不断提醒才能集中一定的注意力倾听教师讲话和同伴发言；不积极主动举手发言，但当教师点到名字时也能站起来回答问题，并且能够在集体面前表述自己的观点。在一般参与状态下，通过教师的精心组织，基本可以达到教育目标，也能完成教育任务。这种状态可能意味着目标的制订和活动内容的选择与儿童语言发展状况还缺乏高度的适应性，需要改进。

(3) 未参与是最差的情况。

在这种状态下，儿童对正在进行的活动毫无兴趣，不能集中注意力，这说明教师事先在设计活动方案时从目标的制订到活动内容的选择都是不恰当的，需重新设计。

以上三个方面的评价内容有区别，又相互联系，共同构成儿童语言教育活动中语言学习行为评价的主要内容。这些内容是根据儿童语言教育目标和语言发展目标建构而成的，它们反映了影响儿童在语言教育活动中学习语言的效果的各个方面的因素。

2. 对活动本身的评价

对活动本身的评价即对教师教学工作 (也就是活动本身和教学效果) 的评价，主要涉及教学目标、教育内容、教育方法、教育组织形式、教学环境材料的利用、教师与儿童之间的互动等。

1) 对目标的评价

对目标的评价主要分析目标的提出是否以《3 ～ 6 岁儿童学习与发展指南》和各个活动类型的核心经验为依据，是否从本班儿童的实际情况出发提出恰当的教育要求，在目标中是否包含认知、情感、能力三个维度，整个活动的设计组织是否围绕教育目标而进行。

2) 对内容的评价

对内容的评价主要分析内容的选择与目标要求是否一致，活动内容是否符合科学性和教育性，内容的分量是否恰当，内容的组织是否分清了主次、重点突出、抓住了关键内容，内容的分布是否合理，各要点之间的衔接是否自然流畅，内容与儿童的发展状况是否适合。

3) 对方法的评价

对方法的评价主要分析方法的运用是否刻板划一，方法的选择与运用是否随活动目标、活动内容及儿童的实际而变化，各种具体活动的方法与儿童的学习方式是否适合，是否采用有效的方法保障儿童积极参与活动。

4) 对组织形式的评价

对组织形式的评价主要分析在活动展开过程中是否适当运用、合理组合并变换了集体活动、分组活动、个别活动三种组织形式，是否考虑因材施教问题，分组时是否考虑儿童的人际关系及情感因素。

5) 对教学环境材料的评价

对教学环境材料的评价分析教师是否为儿童提供良好的、有准备的环境，教师是否承担了环境创设者的使命，教师是否创设和选择了适合于活动内容和儿童实际的环境材料，这些环境材料、学具是否适合儿童操作，教具和学具能否分层组合，教师是否最大限度地挖掘利用了环境、材料、学具、教具的教育功能。

6) 对教师与儿童之间的互动的评价

对教师与儿童之间的互动的评价主要分析是否正确发挥了教师的支持者、促进者作用，是否创造条件使儿童成为活动的主体，师幼之间是否心理相容、积极主动地交往，儿童的注意力、兴趣、情绪、意志、性格等非智力因素是否得到充分的激发。

二、幼儿园教育评价的基本方法

1. 观察法

观察法是幼儿园教育评价中最基本的方法，是评价者在自然条件下对评价对象进行有目的、有计划的直接感知、记录，继而分析、解释这些现象和事实发生的原因或发展趋势，从而获得结论的一种评价方法。观察法一般分为以下几种：

1) 行为核查

行为核查是指评价者将要观察的行为预先列出表格，然后检查行为是否出现或行为表现的等级如何，并在所选的等级上做标记。

2) 情景观察

情景观察是指由评价者事先创设一个与现实生活中的场景相类似的情景，由评价者观察该情景中学前儿童的行为，获取信息资料，从而达到评价观察对象的目的。

3) 事件详录

事件详录是指评价者通过对某种特定行为或事件的完整过程的观察和详细记录，获取评价资料，从而做出判断。

2. 访谈法

访谈法是通过与被评价者或与评价对象相关人员以面对面交谈的方式获取评价所需的有关信息的方法。

3. 问卷调查评价法

问卷调查评价法也称书面调查法或填表法，是指通过向调查者发出各种简明扼要的调查问卷，间接获得相关信息，然后回收整理，进行评价的方法。与访谈法相比，问卷调查评价法获得的结果更可靠。

4. 档案袋评定法

档案袋评定法又称成长记录袋，是幼儿教师或家长有目的地收集儿童的各种有关表现材料，并进行合理的分析与解释，以反映儿童在学习与发展过程中的努力、进步状况或成就的一种方法。这一方法就是为每一儿童准备一个档案袋，把儿童有代表性的作品或表现不断地放进去，内容可以涵盖儿童生活自理能力、知识能力、社会交往等方方面面。过一段时间后，教师或家长对这些作品或表现进行分析，评定儿童的成长和变化情况。档案袋评定法主要有轶事描述记录和作品收集两种方法。

5. 作品分析法

作品分析法是通过对评价对象的各种作品进行分析，了解被评价者的心理特点或某些方面的能力水平，从而发现问题、把握特点和规律的一种方法。儿童的作品包括绘画、手工制品。作品分析法多用于个案研究或群体的心理品质和个性特征等方面的研究。

【本章思考练习】

1. 学前儿童语言教育评价的内涵及功能是什么？
2. 学前儿童语言教育活动评价的原则是什么？
3. 对学前儿童的评价从哪几方面入手？
4. 幼儿园教育评价的方法有哪些？

实践篇

第六章　文学作品活动

【思维导图】

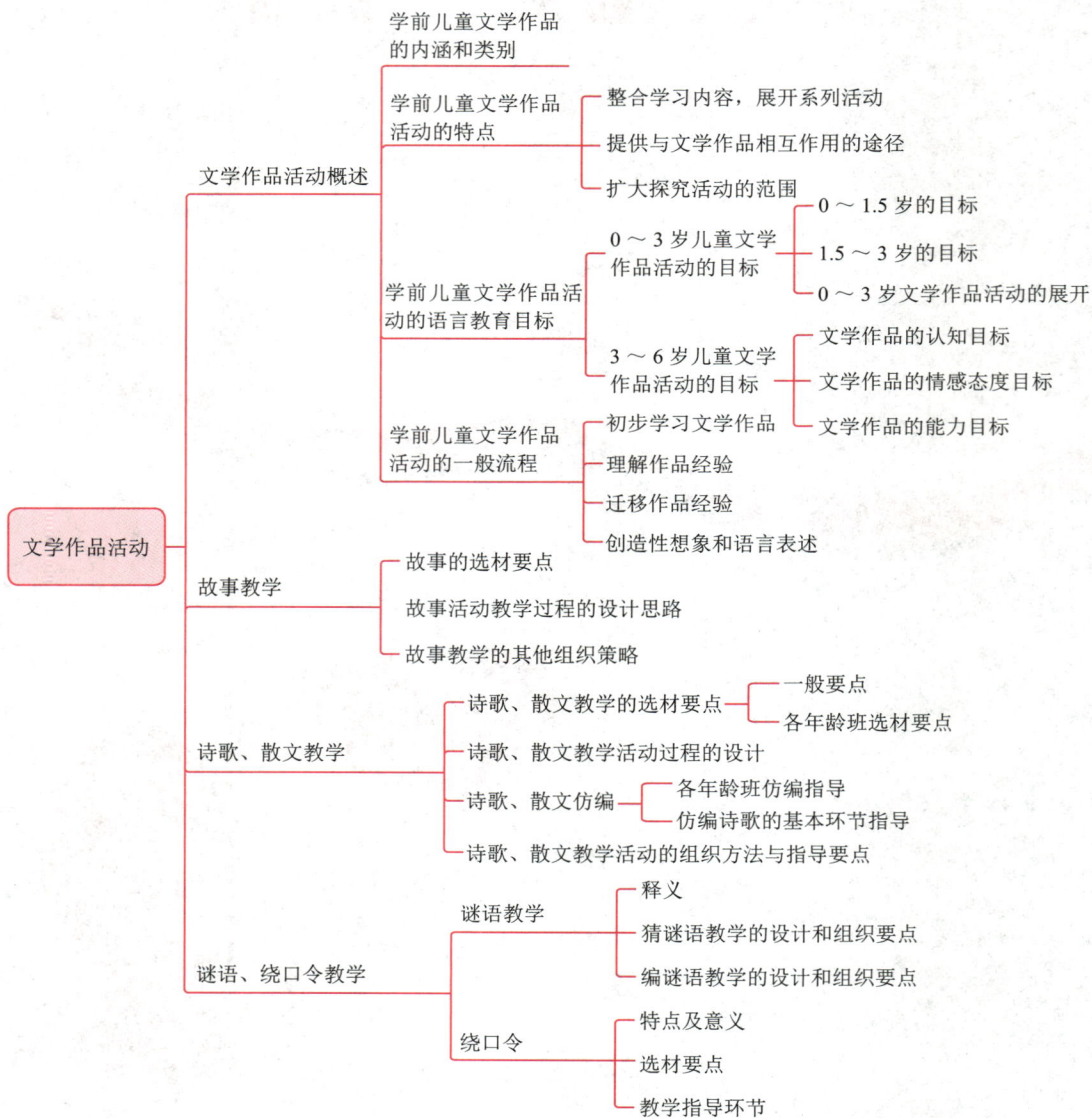

文学作品活动
- 文学作品活动概述
  - 学前儿童文学作品的内涵和类别
  - 学前儿童文学作品活动的特点
    - 整合学习内容，展开系列活动
    - 提供与文学作品相互作用的途径
    - 扩大探究活动的范围
  - 学前儿童文学作品活动的语言教育目标
    - 0～3 岁儿童文学作品活动的目标
      - 0～1.5 岁的目标
      - 1.5～3 岁的目标
      - 0～3 岁文学作品活动的展开
    - 3～6 岁儿童文学作品活动的目标
      - 文学作品的认知目标
      - 文学作品的情感态度目标
      - 文学作品的能力目标
  - 学前儿童文学作品活动的一般流程
    - 初步学习文学作品
    - 理解作品经验
    - 迁移作品经验
    - 创造性想象和语言表述
- 故事教学
  - 故事的选材要点
  - 故事活动教学过程的设计思路
  - 故事教学的其他组织策略
- 诗歌、散文教学
  - 诗歌、散文教学的选材要点
    - 一般要点
    - 各年龄班选材要点
  - 诗歌、散文教学活动过程的设计
  - 诗歌、散文仿编
    - 各年龄班仿编指导
    - 仿编诗歌的基本环节指导
  - 诗歌、散文教学活动的组织方法与指导要点
- 谜语、绕口令教学
  - 谜语教学
    - 释义
    - 猜谜语教学的设计和组织要点
    - 编谜语教学的设计和组织要点
  - 绕口令
    - 特点及意义
    - 选材要点
    - 教学指导环节

学前儿童文学作品活动是以低幼儿童文学作品为基本教育内容而设计、组织开展的语言教育活动，是学前儿童语言教育不可或缺的活动类型，旨在帮助学前儿童理解文学作品中生动有趣、丰富多彩的生活，感受文学语言的艺术魅力，提供全面学习语言尤其文学语言的机会，从而提升学前儿童的语言素养。

第一节　文学作品活动概述

一、学前儿童文学作品的内涵和类别

学前儿童文学作品，是指那些与 0～6 岁儿童心理发展水平、接受能力、阅读能力相适应的各类文学作品的总称。

学前儿童文学作品的类别包括寓言、童话、儿童故事、儿歌、儿童诗、儿童散文、儿童小说、儿童科学文艺作品等。

二、学前儿童文学作品活动的特点

学前儿童文学作品活动是以文学作品为基本教育内容而组织的语言教育活动类型。教师可通过形式多样的语言教育活动，以优秀的儿童文学作品为语言教育内容，帮助儿童感受和理解文学作品所展示的丰富而有趣的生活、语言艺术的美，使儿童受到教育和感染，为他们提供全面学习语言的机会。

(1) 整合相关领域的学习内容，围绕文学作品展开系列活动。

从文学作品教学入手，围绕作品展开教学活动是学前儿童文学教育活动的突出特征之一。儿童文学作品是语言艺术的结晶，每一篇具体的儿歌、故事，都包含着丰富的语言信息。从具体的文学作品展开活动，是一个包含理解美、欣赏美、表现美及表达自己对文学作品的理解和想象的多层次的系列活动。

在某一时间单元内，以某一文学作品为主题或中心，整合五大领域相关内容，整合不同的教学手段和方法，通过游戏、娱乐活动、日常生活诸环节有机渗透、融合，设计一系列有层次的相关活动，构建主题网络，其实质就是陈鹤琴的单元教学或中心制课程、整个教学法、五指活动在语言领域的很好的实践。

【例 6-1】大班散文教学《秋天》系列活动设计。

活动一：感知并理解作品的主要内容、季节特征及文学语言的特色。

活动二：以折纸、绘画、粘贴等形式表现秋天的美丽，并在表现美的同时理解和学习作品的文学语言。

活动三：改编或仿编散文《秋天》，加深儿童对作品的理解和感受。

【例 6-2】故事《是谁嗯嗯在我的头上》主题网络设计。

故事透过一只倒霉的小鼹鼠寻找到底是哪个坏蛋"嗯嗯"在他头上的过程，轻松愉快地让我们了解：原来每一种动物的排泄物形状都不同，什么样的动物就有什么样的"便"，我们也从书中得到更深一层的认识。最后小鼹鼠到底能不能找到那个"嗯嗯"在他头上的坏蛋呢？苍蝇可是破案的关键！

我们可以设计一系列相关的语言教育活动，比如看图讲述、阅读绘本、表演故事等，建构主题网络，如图 6-1 和图 6-2 所示。

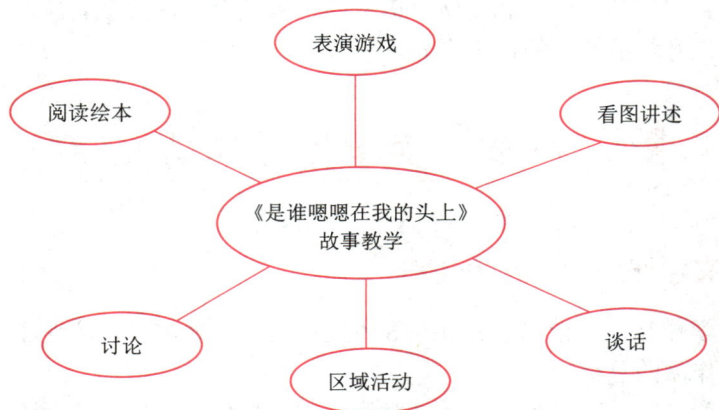

图 6-1　语言领域框架内的主题网络建构

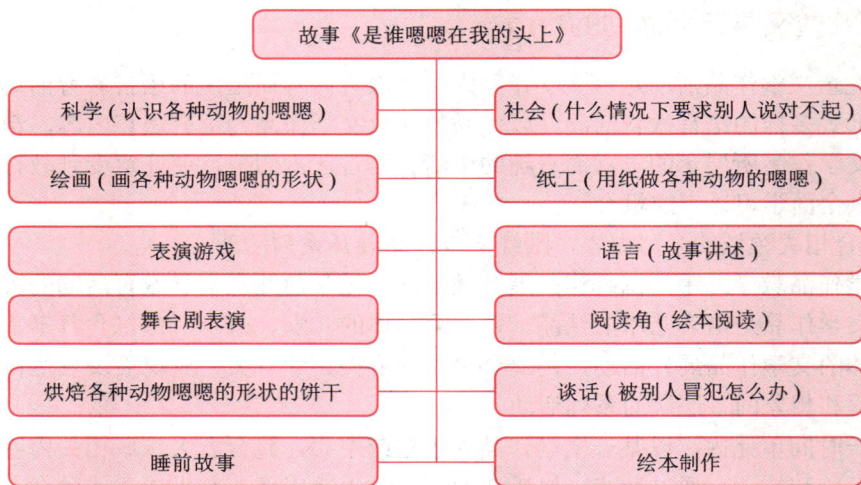

图 6-2　打破领域界限的综合主题网络建构

通过这一系列活动，儿童真正感受到了作品所描绘的美丽意境，理解了作品中文学语言的特色，这样层层深入的设计才能真正体现文学作品的教育功能，才能达到文学作品的教育目的。

【实操练习】请根据材料《太阳帽的故事》设计中班系列教育活动的主题网络，要求写明系列活动总目标，并选取其中一个子主题设计详细的活动方案。

【素材】

太阳帽的故事

在一个炎热的夏天，一个小姑娘戴着一顶漂亮的太阳帽去游泳，突然，呼呼呼，呼呼呼……一阵大风吹来了，小姑娘头上的太阳帽不见了。丁丁捡到了太阳帽，把它变成了一个飞盘，飞盘飞呀飞。呼呼呼，呼呼呼……一阵大风吹来了，飞盘不见了。小猴捡到了太阳帽，把它变成了秋千，秋千荡呀荡。呼呼呼，呼呼呼……一阵大风吹来了，秋千不见了。蜗牛捡到了太阳帽，把它变成了摇篮，摇篮摇啊摇。呼呼呼，呼呼呼……一阵大风吹来了，摇篮不见了。小朋友们，小姑娘的太阳帽又飞到哪里去了呢？

　　作品赏析：这虽然是一个学前儿童生活经验的故事，但比较有趣，颇有艺术的想象力，它通过丁丁、小猴、蜗牛捡到太阳帽，玩太阳帽，太阳帽被风刮走等情景，给学前儿童展示了一个充满童趣和想象的世界，本故事适合续编或创编。教师可引导学前儿童通过开展各种动手、动脑活动活跃思维，让孩子们展开想象的翅膀去大胆创造。

　　(2) 为儿童提供丰富多彩、多种多样与文学作品相互作用的途径。

　　让儿童全方位多途径去感受、理解文学作品，尤其调动儿童多种感官通道，如视、听、触摸、闻嗅等，通过讲述、扮演、谈话、散步等活动过程，积极地、多渠道地与文学作品相互作用，从中获得多种操作语言及非语言信息的机会，这样可以使儿童更有兴趣、更积极主动地投入学习过程中，更好地达成教育目标，为儿童提供更多的发展机会。

　　(3) 扩大儿童自主探究活动的范围。

　　好的文学作品活动应该结构性较低，儿童自由发挥自主探索活动的空间余地较大，在教师引导下能比较自由地进行倾听欣赏、展开讨论、操作表演、绘本阅读等，在儿童的操作实践、探索、创造性想象、自由表达中达到对文学作品思想内容和文学语言优美意境的准确深刻理解，同时也扩大了儿童与有关文学作品的自主活动范围。

三、学前儿童文学作品活动的语言教育目标

1. 0～3岁儿童文学作品活动的目标

1) 0～1.5岁的目标

(1) 能安静地听成人念儿歌，可以讲简短的故事或念最浅显的儿歌，喜欢听歌曲等好听的声音。

(2) 对图书表现出极大的关注，喜欢听成人讲述图书上的故事或儿歌等。

(3) 对动画片表现出极大的兴趣。

2) 1.5～3岁的目标

(1) 喜欢听故事、欣赏儿歌、看动画片，能简单复述故事或儿歌的一部分。

(2) 能大方地朗读儿歌、学唱儿歌。

(3) 能主动自觉地翻阅图书，对故事、儿歌朗诵或动画片等文学作品表现出极大的兴趣。

(4) 能用情景表演或角色游戏来表演部分故事内容。

3) 0～3岁文学作品活动的展开

文学作品活动的开展具有随机性、日常性、反复性等特点，可以按照以下形式展开。

(1) 多开展"平行"的亲子阅读。

(2) 初步养成倾听文学作品的良好习惯。

(3) 利用各种途径让婴幼儿感受文学作品，多观看儿童美术片或动画片。

(4) 让婴幼儿多重复感受文学作品，多种途径帮助婴幼儿理解作品内容 (复述)。

2.3～6岁儿童文学作品活动的目标

1) 文学作品的认知目标

(1) 丰富作品相关的社会知识。

(2) 知道文学作品有童话、诗歌、散文等体裁，了解语言的丰富性和多样性。

(3) 理解文学作品内容，学会标准发音，扩展词汇，了解各种语言句式的表达。

2) 文学作品的情感态度目标

(1) 对书面语言有浓厚的兴趣，喜欢文学作品，积极参加文学活动，乐意欣赏文学作品。

(2) 体验文学作品中人物的真善美，感受文学作品的情感脉络和语言美，发展儿童的艺术想象力和审美能力。

3) 文学作品的能力目标

(1) 学会倾听，提高语言的理解能力。

(2) 会说且能说好普通话。

(3) 感知文学作品语言和结构的艺术表现特点，具有创造性地运用语言、尝试艺术性结构语言的能力。

四、学前儿童文学作品活动的一般流程

学前文学作品活动包括初步学习文学作品、理解作品经验、迁移作品经验、创造性想象和语言表述四个层次。需要注意的是：四个层次是必须在一个活动中完成，还是要根据作品及儿童情况灵活取舍，需要教师在实际教学中审慎考虑。

1. 初步学习文学作品

根据作品的难易程度，可以采用比较直观形象的视频、音频、动画，或使用挂图，或配以桌面教具，辅助作品的教学。对于比较浅显易懂的作品，直接朗读作品即可。

(1) 不要过多地讲述作品（两遍为宜），以免儿童失去兴趣。

(2) 不强调让儿童机械记忆背诵文学作品内容，减轻儿童短时记忆负担，以便他们将注意力更多地投向学习过程的理解和思考。

(3) 用"三层次提问"的方式帮助儿童感受、体验、理解作品的情节、人物性格、主题倾向和文学语言。

① 第一层次问题。

教师针对文学作品提出描述性问题，帮助儿童掌握作品的名称、人物、情节、对话、主题等，使儿童对文学作品有个大致的了解。

② 第二层次问题。

思考性问题稍微有点绕，不像描述性问题一样在故事中能直接找到答案，但经过思考一定能解决，如故事里有几个小动物，儿童需数一数、算一算、想一想才能知道，还有类似"你怎样理解"等问题，需要儿童运用个人经验进行深入的思考。

③ 第三层次问题。

假设性或想象性问题，如"假如你是故事里的谁谁谁，你会怎么做？"问题没有确定的答案，需要儿童联系自身或回忆已有生活经验，进行创造性的想象。这些问题有助于学前儿童加深对文学作品的理解和掌握。

(4) 教师通过提问引导儿童欣赏、理解作品的策略主要包括以下几点。

① 完整欣赏 (从头至尾不间断呈现) 与中断欣赏 (边欣赏边理解) 相结合。

② 将媒介、声势与纯语言直接呈现相结合。

③ 多通道感知与听觉感知相结合。

2. 理解作品

在学习文学作品的基础上，教师还有必要进一步组织与认识作品内容有关的活动，帮助儿童深入理解、体验作品内涵，尤其是让儿童切身地感受、经历作品中所展示的情感心理和精神世界。

在理解和体验作品这一层次上，教师可以设计和组织 1 ～ 2 个活动：可以采用观察走访的活动方式，让儿童接近了解与作品内容相关的自然或生活情景；可以选用绘画、表演的方式，引导儿童表现文学作品的内容；可以组织一次专门讨论，以帮助儿童对文学作品的理解体验。

关于作品理解主要包括以下几方面：

(1) 欣赏前理解与欣赏后理解。

(2) 分段理解与整体理解。

(3) 借助教具、学具及情境创设。

(4) 采用提问、讨论、朗诵、复述、表演、游戏、动作等多种方式，注重多感知通道的相互作用。

(5) 采用开放性的提问方式。

可以采用针对儿童记忆系统的提问、针对细节的提问、针对情感识别与匹配的提问、针对作品的主题或情节的提问、针对作品中文学语言的提问、针对作品整体结构形式的提问、针对生活原型与作品形象进行比较的提问等。

3. 迁移作品经验

开展与主题相关的绘画、手工、表演等动手动脑活动，帮助学前儿童将文学作品中获得的间接经验迁移、运用到自己的生活学习实践中，这是一个尝试模仿和运用文学作品间接经验去解决儿童实际问题的过程。如果说学习和理解文学作品是输入过程，迁移作品经验则是一个学以致用、活学活用的输出过程。迁移作品经验的活动往往是围绕作品重点内容开展的可操作的或具有游戏性质的活动，让儿童在活动中将作品各方面内容纳入自己的经验范畴，既有助于加深对作品的理解，又可为进一步扩展想象和创造性语言表述打下基础。例如：在《会唱歌的生日蛋糕》活动中，教师让儿童做一做生日礼物，再给本班小朋友开一个生日庆祝会，这有助于加深儿童对作品中生日主题的理解。

关于迁移作品经验的表现应该允许孩子有不同的表现方式，比如文学作品的语言、动作、表情、绘画、表演等内容和形式不同，孩子的能力、经历、兴趣不同，表现的方式也会不一样。

4. 创造性想象和语言表述

教师进一步创设机会，让儿童扩展自己的想象，并创造性地运用语言去表达自己的认识与想象。在这一层次活动中，教师可以让儿童续编童话故事，也可以让儿童仿编诗歌、散文，还可以让儿童围绕所学文学作品的内容进行想象讲述。

创造性想象的语言表述可从以下三方面着手培养。

1) 指导儿童再现文学作品

再现文学作品的方式有多种：复述、朗诵、表演，以及用音乐或美术手段再现其思想内涵、情感氛围等。

2) 指导儿童仿编文学作品

同再现相比，文学作品的仿编活动对儿童创造性地运用语言提出了挑战。实际上，儿童仿编文学作品的过程也是一个再造或仿造的过程。儿童先感知理解作品中一句话或一段话的结构特点，然后凭借想象构思出新的内容，再借用原作品的结构，通过换一个词或换几个词，甚至换几个句子的方式完成仿编活动。通过文学作品仿编活动，教师可以引导儿童理解语言结构形式与语言内容的关系，即不同的思想内容可以通过同一种语言结构表达出来；同时，教师还可以鼓励儿童大胆想象，创造性地进行词语的搭配组合，表达丰富多彩的思想内容。儿童也能从自己仿编的作品里体验到成功所带来的快乐，提高自信心，在练习用词造句、连句成段等组织语言能力的同时，也大大增加了语言学习的兴趣。

3) 指导儿童创编文学作品

在大量感知文学作品以及仿编文学作品的基础上，教师可以鼓励儿童进行文学创编活动。最初的文学创编活动往往需要图画及教师语言的帮助。教师可以请儿童根据故事开头所提供的线索，展开丰富的想象继续编构故事，从而编出一定的故事情节。在指导儿童创编文学作品时，教师既可以让儿童编出一句或一个段落，也可以视儿童的能力鼓励他们编出完整的文学作品。

(1) 仿编诗歌。

不同年龄段有不同的要求：小班可换其中的"词"，中班换其中的"句"，大班可对诗歌的"部分结构"进行变化。

(2) 仿编、续编故事。

小班或者更小的孩子最初可能只是简单替换故事中主要角色的名字、主要情节的场景等局部、明显的特征，类似诗歌仿编的换"词"。比如听过小红帽的故事之后，有的孩子会高仿编造或"剥"出一个"小蓝帽"的故事，女孩的帽子从红色变成蓝色，外婆变成奶奶，狼变成老虎，猎人变成奥特曼、喜洋洋等他们所熟悉的动画英雄。

随着教育以及年龄的增长，要以情节结构为统领，对不同年龄的儿童，应有不同的故事仿编、续编要求：小班重点编故事的结局；中班编高潮和结局，并将重点放在有趣的情节上；大班编出完整的故事。

(3) 故事表演游戏。

通过对话、动作、表情再现文学作品，帮助儿童加深理解体验作品内容。

在表演过程中，教师可在旁边领诵故事、串连情节，也可扮演某个角色。儿童则在角色台词需要时参与对话独白，其余儿童可以随教师复诵故事。

整体表演要求儿童在理解作品的基础上，按照故事的情节发展连贯完整地表演动作。个体角色让一个儿童扮演，全体角色不作严格限制。分段表演将故事分成若干段，讲一段故事，进行一段表演；也可截取故事中的一个场景，突出在这个场景中进行角色扮演，展示社会生活的一个侧面。

指导儿童表演作品时教师要注意：

① 熟悉、理解作品内容，分析角色特征；

② 利用道具激发儿童表现欲望和兴趣；

③ 角色分配要根据儿童个性特长；

④ 教师适时、夸张地介入与示范；

⑤ 做好前期的表现铺垫，如语言、情绪、声势等。

(4) 相对正式的儿童剧舞台表演。

在围绕某一文学作品，尤其是童话、故事展开充分的系列、综合教育活动之后，儿童已对其内容有了深刻的理解，非常熟悉其角色、情节、台词，又有再创作的欲望和积极性，此时教师可以引导儿童将其创编成儿童舞台剧，加入音乐、舞蹈动作、道具灯光、化妆造型等舞台表演元素，最终以舞台表演形式呈现，可以在家长开放日、节日娱乐活动中表演给家长和全园儿童，甚至可以在真正的剧场演出。这个过程实质上是对文学作品的再创造，能极大地促进儿童语言以及其想象力、思维力、表现力的发展，通过体验文学作品表演的魅力，满足儿童自我成就感和自信心，提高儿童的整体素质。

总之，学前儿童文学作品活动是一个围绕作品主题开展的系列活动，儿童在教师的引领下，循序渐进、由浅入深地发展语言能力，从理解到表达、从模仿到创新、从接受到运用，不仅发展了完整语言，而且锻炼了思维想象，增强了艺术欣赏感受和表现能力，从整体上促进了儿童认知、情感、社会性、个性乃至人格的全面发展。

第二节 故事教学活动的设计与组织指导

（上） （下）
故事活动的作用 故事活动的特点

一、故事的选材要点

学前儿童故事教学活动的首要问题是选材问题。故事教学所选的故事除了要遵循文学作品的文学性、教育性等一般特点以外，还要考虑故事本身的一些条件。

(1) 主题单一明确，有一定的教育意义。

学前儿童故事活动中所选的作品主题应简单明确，易于学前儿童理解。作品内容应健康明朗，对学前儿童有一定的思想教育意义。但意义一定要和内容相贴合，不牵强、不人为拔高教育意义。

(2) 情节具体、生动有趣，有起伏，按一般顺序记叙。

例如，童话《三只小猪》和《小红帽》。

(3) 人物形象鲜明突出，易于学前儿童理解、喜欢。

例如，《小兔子乖乖》中慈爱的妈妈，狡猾的大灰狼，三只可爱的长耳朵、短尾巴的小兔，角色形象鲜明突出、生动活泼，特别容易激起儿童的兴趣。

(4) 故事要利于训练学前儿童的创新思维，留给他们发挥想象的空间。

例如，《会动的房子》和《会爆炸的苹果》等。

(5) 故事富有文学性。

语音语词及意境优美、构思结构精美、动听上口的故事，能为学前儿童奠定文学底蕴、审美情操。

(6) 故事要有针对性。

针对本班学前儿童的实际情况，关注他们的思想状况，及时选择相关主题故事进行教育，如发现学前儿童不会分享玩具，可选择童话《小铃铛》和《金色的房子》等。如果所选故事中的内容是学前儿童熟悉的或能在生活中体验感知的，则利于他们掌握故事，故选材要考虑季节、地区等因素。例如，春天时南方可选择童话《小蝌蚪找妈妈》，北方可选择童话《春天的电话》等。

需要注意的是，教师在选择故事时一定要考虑以下几个因素：学前儿童以具体形象思维和直觉动作思维为主、抽象逻辑思维在幼儿末期才刚刚开始萌芽的认知特点；学前儿童喜欢生动形象且画面感、情节性、趣味性强的文学作品；学前儿童对美的感受及表现常常与个人情绪情感体验紧密相连的审美特点。因此一定要选择与生活经验紧密相关、在理解接受能力之内的故事，宁可是简单低幼、形象具体的题材，也不能为了凸显教育意义而选所谓高大上、空洞而抽象的题材，更不能为配合时政选标语式、说教式、解释口号式的故事。教育的目的是以学前儿童身心发展为第一要义的，其次才是社会价值的规定性。

二、故事活动教学过程的设计思路

（上）　　　　　　　　　　（下）

故事活动的设计

应遵循循序渐进、由浅入深的原则，引导学前儿童完整地掌握作品。由于时间有限，学前儿童故事活动过程设计应将重点放在第一、二层次，即学习欣赏、理解体验，第三层次的迁移和第四层次的创造性运用语言可安排在延伸活动环节或者主题活动中，也可安排在第二课时进行，具体如下所述。

(1) 创设情境，引出故事。

创设一个故事或童话的氛围，引起学前儿童急于想了解故事的浓厚兴趣，从而引出故事。例如提问引入、猜谜引入、直观教具引入等。

(2) 生动、有情感地讲述故事。

教师要表现出对故事的极大兴趣，辅以适当的直观教具，如动画视频、幻灯片、玩偶表演等形式，用生动形象、情感充沛的语言完整讲述故事(故事不太长)，口语亲切，声情并茂，态势得体。教师有感情而生动地讲述故事，可以极大地吸引学前儿童的注意，有助于学前儿童理解故事内容。

可以分段讲述后再整体讲述，也可反之，或者整体讲述两三遍。可以在情节的高潮处运用"关键中断法"，在能激发学前儿童想象的地方提问或讨论，促使学前儿童想象和表达。进行几遍讲述时语言要一致，便于学前儿童完整记忆，但讲述的方式不应雷同，以免学前儿童产生枯燥感。

(3) 理解作品的主要内容和主要特色。

① 理解作品的主要情节和内容。

教师通过三层次提问、讲解、挂图、故事表演等方式帮助儿童理解故事的主题情节。

第一遍讲完后提出诸如人物、情节、重要对话等明确具体的问题，帮助学前儿童理解故事的大意。

第二遍讲完后提出思考性问题，比如学前儿童对主人公行为的态度和评价(你喜欢谁、为什么等)，需要有思考之后再回答，从而帮助学前儿童理解故事主题、人物性格和心理特征等。

第三遍讲完后提出需要儿童发散思维、假设、想象的问题(如你从故事中学到了什么、你会怎么做等把握故事主题的问题及续编性问题)，鼓励儿童大胆思考想象、扩展思路，将故事与现实生活结合，充分激发学前儿童语言表达的欲望。

通过以上活动，学前儿童既理解了故事的主题和内容，又学会了欣赏故事的基本方法和技能，即故事的发生—故事的高潮—故事的结束，为学前儿童习得独自阅读图书、欣赏文学作品的技能和兴趣习惯起到非常重要的作用。

故事教学经常使用的教具形式有故事围裙、翻页教具、插入式教具(结合背景图)、纸轴教具等。

② 体验文学作品——故事所特有的艺术感染力。

让学前儿童体验作品特有的艺术魅力和情感特征，理解并抓住作品所表达的情绪情感，并产生与故事主人公相一致的情感或同理心，与其同喜同悲。只有这样，学前儿童才会真正理解作品的主题和深层次的艺术魅力。

教师要用极具感染力的语言来讲述故事。教师要充分利用表演、绘画、动手操作、复述故事等多种形式，让学前儿童手眼脑口并用，打开多种感官通道，多角度全方位地去感受和表现故事中的人物、动作、情节、语言，加深学前儿童对人物性格特征、故事情节及其所蕴含的情感特征的理解，以情感人，以情动人。

(4) 围绕故事展开系列创造性语言活动。

① 复述故事：对话复述、分段复述、分角色复述、全文复述等。

② 表演故事：整体表演、分段表演、区域活动表演、故事教学中的表演、专门的表演、

游戏性表演、家长开放日或节日活动中为家长的展示性表演等。

③编构故事：小班编构结局，中班编构有趣情节（高潮部分），大班编构完整故事。

三、故事教学的其他组织策略

教师应该根据故事不同的内容、情节、结构采用适宜的组织策略来帮助儿童理解故事的内容、情节结构，以使其产生情感上的共鸣。除了一般的常规组织策略，即初步感受欣赏作品、理解体验作品的创造性活动之外，还有以下策略可供参考。

1. 活动归纳法

有些故事连贯性强，能通过游戏的方式呈现。教师可依据故事内容创设环境，准备活动材料，把学前儿童引入故事情境中，以游戏的方式一步一步展开故事情节，让学前儿童在亲身体验中理解故事。在此基础上，师生共同归纳故事内容。

如故事《小猴摘桃》，教师可事先创设山洞、独木桥、花果山等环境，准备猴子头饰、桃子等活动材料。师生戴上头饰，配以音乐，依照故事讲述的情节展开游戏。

2. 启发猜想法

有些故事的上下句或上下段之间有某种程度的逻辑联系，或是段落内容较为类似。教师可只提供给学前儿童部分情节，启发引导其积极猜想下面的情节内容，这样给了学前儿童较大的猜想空间，既调动了学前儿童学故事的积极性，又发展了学前儿童的想象力。

3. 难点前置法

有些故事需要多层次分析推理，学前儿童在短时间内难以理解，教师可在故事教学之前先将难点提炼出来，通过实验、操作等其他辅助手段，引导儿童主动去探索和交流相关内容，积累相关经验、直观感受。

比如在讲述故事《包公审石头》之前，教师应考虑到学前儿童很难理解包公通过铜钱入水来判断谁是小偷，便准备一些硬币，当着学前儿童的面给一些硬币涂上油，另外的则不涂油，让学前儿童将两组硬币分别投入不同的清水盆中。通过观察科学实验，学前儿童很快就明白了故事中的道理。然后开展故事教学，由于难点已提前攻克，因而故事教学会进展顺利。

4. 暂停质疑法

有些故事悬念迭出，可质疑的角度多，教师可在故事讲述的中间，作有意的暂时停顿、中断，提出疑问引导儿童进行分析讨论、质疑和探究。

例如，讲述故事《司马光砸缸》，当讲到一儿童跌入水缸时，教师暂停讲述，提问"司马光会怎样救同伴？"，引导学前儿童思考对策，让学前儿童根据已有的生活经验和知识，进行各种可能的猜想推测。

（上） （下）

故事活动的实施　　　故事活动的评价

【案例】

故事《会动的房子》活动方案

1. 活动设计意图

童话故事《会动的房子》向幼儿展示了一个生动美丽的童话世界，故事以一只粗心的小松鼠将房子盖在乌龟背上为线索，把善良的小乌龟塑造得活灵活现，在优美生动的语言中，让幼儿感受到作品中清新的大自然画面，以及其中蕴含的幽默。本次活动的故事情节简单，充满童趣，形象鲜明、突出，容易引起幼儿的学习兴趣，激发学前儿童热爱大自然的情感，同时，又蕴含着深刻的哲理，教育幼儿无论做什么事情都要认真，不能粗心。故事的最后，乌龟带着松鼠到处玩，这还能让幼儿体会到乌龟与松鼠之间的友情。

2. 活动目标

(1) 仔细观察画面，发现小松鼠的房子会"动"，并在理解故事的基础上找到房子会动的真正原因。

(2) 能根据画面大胆地推测和想象故事中人物的心理活动。

(3) 体会乌龟对松鼠的友情。

3. 活动准备

(1) 知识经验准备。

(2) 物质准备：PPT。

4. 活动过程

环节一：讨论"会动的房子"，激发兴趣，引出教学内容。

师：我们平时住在怎样的房子里？

幼儿：楼房里。

师：出示房子图片(PPT)，这是什么呢？这是一种怎样的房子呢？

幼儿：奇怪的房子。

师：今天我们就要来看一个有趣的故事，让我们一起去看看吧。

环节二：初步学习故事。(教师逐张讲述图片，提出第一层次的描述性问题引导幼儿初步学习故事)

(1) 图片一：

小松鼠是住在树上的。

有一回，她想在地上造一幢房子。

师：你们看这是谁呢？

幼儿：小松鼠。

师：小松鼠住在哪里？

幼儿：小松鼠住在树上。

师：住在树上的小松鼠在想什么呢？

幼儿：她也想有一座自己的房子。

师：对啊，小松鼠在想要是我也有一座房子那该多好呀，那你是从哪里看出来的呢？

幼儿：旁边有一个房子，说明就是。

(2) 图片二：

于是，小松鼠把家建在一块大石头上。

师：小松鼠在干什么呢？

幼儿：小松鼠在造房子。

师：你从哪里看出小松鼠在造房子？

幼儿：在搬木头。

师：小松鼠把房子造在哪里了呢？

幼儿：房子造在乌龟背上。

师：(教师手指草坪地方)仔细看看小松鼠把房子造在哪里了呢？

幼儿：草地上。

(3) 图片三：

房子造好了。晚上，小松鼠就在新房子里睡觉。

师：小松鼠很想要一幢房子，于是，她就拿着工具开始造房子了，现在有什么变化呢？谁来说说这张图？

幼儿：房子建好了，有门，有窗，有床。

(4) 图片四：

第二天早上，小松鼠醒来一看。

咦？新房子跑到山上来了。

师：小松鼠在造好的房子里美美地睡觉，第二天早上，小松鼠发现了什么？

幼儿：新房子跑到山上了！

师：房子换到哪儿了呢？仔细看看。

幼儿：山坡上。

师：昨天房子在哪？

幼儿：草地上。

师：现在在哪？

幼儿：山坡上。

师：小松鼠会说什么呢？

幼儿：咦，新房子怎么跑到山上来了？

(5) 图片五：

第三天早上，小松鼠醒来一看。

呀！新房子跑到大海里来了。

师：小松鼠的房子造在草地上，第二天早上房子跑到山坡上去了，第三天早上，小松鼠醒来，奇怪的事又发生了，是什么呢？

幼儿：新房子又跑到大海上了。

(6)图片六：

多好呀！大乌龟带着小松鼠到处去玩。

师：这时候更奇怪的事发生了，是什么呢？

幼儿：新房子在乌龟的背上。

师：乌龟会说什么呢？

幼儿：我都驮着你走过了好多地方了。

师：这时候小松鼠知道什么了？

幼儿：小松鼠知道把乌龟给累坏了。

师：原来小松鼠把房子造在了乌龟的背上。这个有趣的故事还没有名字呢，我们来给它取个名字吧。

幼儿：《乌龟和松鼠的故事》。

师：老师也给这个故事取了个名字，叫作《会动的房子》。

环节三：完整欣赏(第二层次思考性问题)，**拓展想象**(第三层次假设性、想象性问题)。

师：我们一起来看这个有趣的故事！

(完整欣赏故事)(教师示范讲故事)

师：又看了一遍故事，你喜欢会动的房子吗？

幼儿：喜欢。

师：乌龟为什么让小松鼠把房子造在自己的背上？

幼儿：有个伴。

师：小松鼠把房子造在乌龟背上，乌龟走到哪里，就把小松鼠带到哪里，还会带去很多很多好玩的地方。请小朋友大胆地想一想，除了山脚下、大海边、草原上，小乌龟还会带小松鼠去哪里？

幼儿：海里，沙漠，森林……

5. 活动延伸

请小朋友把小乌龟和小松鼠还会到什么好玩的、漂亮的地方画出来。

【素材】

会动的房子

小松鼠在树顶上住腻了，于是决定在地面上重新建造一座房子。

在大树底下，她发现了一块大石头，由七块小石头拼成，很硬，也很光滑。小松鼠说："嘿，就在这上面造一座房子！"

房子终于造好了，忙了一天的小松鼠也累了，在新家里睡着了。

"呼呼呼！"什么声音？小松鼠被吵醒了。推开窗一看，呀！自己是在美丽的山脚下，小风奏起了动听的山歌。真奇怪，昨天还在大树下，今天却来到了山脚下。可小松鼠又一想：没关系，山脚下挺好的，有动听的山歌做伴。

第二天，又传来"哗哗哗"的声音。小松鼠推开窗一看。呀！又来到了大海边，浪花唱起了欢快的歌声。小松鼠这下可乐了："我的房子会动，我的房子会动！"现在，小松鼠又有浪花声做伴。

第三天，小松鼠想，今天我来到哪儿啦！推开窗一看，呀！眼前是一片大草原，马儿在"哒哒哒"地奔跑。小松鼠禁不住在房子里手舞足蹈。

突然，传来一个声音："小松鼠呀，快别乱动。""咦，是谁呢？是这块硬硬的大石头？""小松鼠你真粗心，把房子盖在我的背上，我驮着你走过了许多地方。"

小松鼠低头一看，原来是乌龟，那硬硬的大石头竟然是乌龟的背。小松鼠惭愧得脸都红了，赶紧说："你，你累坏了吧？"乌龟说："不，这下我们俩可以做伴了。"

第三节　诗歌、散文教学活动的设计与组织指导

儿童诗和散文都分行分节，有明显的韵律感、节奏感，使用拟人、象征、比喻、夸张、排比、反复等修辞手法，语言精练，意境优美，想象丰富，画面感强，朗朗上口，便于诵读吟唱，充满童趣。

一、诗歌（儿歌、童谣）、散文教学的选材要点

1. 一般要点

(1) 题材广泛，充满童趣。

题材要多样化，既有生动有趣的叙事诗，又有抒情诗；既有现代诗，又可选浅显优美的古诗。

(2) 构思巧妙，富有想象力。

学前儿童喜欢的诗文，不仅要朗朗上口，极具语言美和艺术美，更要生动有趣，想象奇特美好，能从儿童的独特视角观察世界，充满童真童趣，如《小老鼠》《小蜗牛》等。

(3) 符合儿童已有经验水平。

由于诗歌本身具有含蓄美、跳跃美，语言多凝练简洁，语义跨度大，所以教师引入的

诗歌要在主题、情节、内容等方面符合儿童认知发展水平，结合儿童已有的生活经验，才容易理解且便于感受。

2. 各年龄班选材要点

(1) 小班：以儿歌为主，篇幅短小，主题集中，最好包含一个画面；语言要生动活泼、朗朗上口、构思巧妙。

小白兔

小白兔，白又白，

两只耳朵竖起来，

爱吃萝卜爱吃菜，

蹦蹦跳跳真可爱。

(2) 中班：以儿歌、儿童诗为主；包含一个以上的画面，篇幅比小班稍长；语言要丰富多彩，多用重复结构，因为重复的语音结构容易唤起儿童对优美语音的感受。

听

闭上眼睛，听小草的声音。

闭上眼睛，听花开的声音。

闭上眼睛，闭上眼睛，

听夏天向我们告别的声音。

(3) 大班：题材广泛，篇幅较长，画面丰富；表现方式多样。

春 天

春天是一本彩色的书——

黄的迎春花，

红的桃花，

绿的柳叶，

白的梨花……

春天是一本会笑的书——

小池塘笑了，

酒窝圆又大，

小朋友笑了，

咧开小嘴巴……

春天是一本会唱的书——

春雷轰隆隆，

春雨滴滴答，

燕子唧唧唧，

青蛙呱呱呱……

二、诗歌、散文教学活动过程的设计

(1) 导入：设置情境，引出作品。

(2) 教师示范朗诵诗文。

(3) 帮助儿童理解诗文。

① 教师通过音乐、挂图、幻灯片、多媒体课件等教具，帮助儿童理解诗歌。

② 通过三层次提问帮助儿童理解诗歌。

③ 理解难懂的字、词、句。

④ 理解诗文的情绪情感。

⑤ 理解诗文的表现形式。

(4) 学习朗诵诗文。

(5) 围绕诗文主题开展相关活动。

① 诗歌表演游戏。

② 配乐朗诵。

③ 绘画。

④ 唱诵。

⑤ 诗文仿编、续编。

让儿童通过自己生动多样的操作活动更好地体验作品。

三、诗歌、散文仿编

一些诗文内容生动，有固定格式，具有重复结构，与儿童生活联系紧密，儿童熟悉其描述的事物间的关系，对于这样的诗文，可以组织儿童进行仿编。

1. 各年龄班仿编指导

(1) 小班：换词，换局部画面。

春　风

[模本]	[仿编]
春风一吹，	春风一吹，
芽儿萌发，	芽儿萌发，
吹绿了柳树，	吹绿了小草，
吹红了山茶，	吹红了桃花，
吹来了燕子，	吹来了蝴蝶，
吹醒了青蛙，	吹醒了乌龟，
吹得小雨轻轻地下，	吹得小雨轻轻地下，
孩子们河边去种瓜。	孩子们河边去种瓜。

仿编作品整体画面没有变化，只是局部内容不同，教师重点放在画面局部变化的理解上即可。

(2) 中班：换系列词——画面变化的想象与表现。

吹　泡　泡

[模本]	[仿编]
星星是月亮吹出的泡泡，	太阳是蓝天吹出的泡泡，
露珠是小草吹出的泡泡，	浪花是大海吹出的泡泡，
葡萄是藤儿吹出的泡泡，	苹果是果树吹出的泡泡，
我吹出的泡泡是一首首歌谣，	我吹出的泡泡是一首首歌谣，
是一串串欢笑。	是一串串欢笑。

仿编作品的画面有变化，但与原作品肢体和情感基调一致，教师重点放在画面变化的想象和表现上即可。

(3) 大班：换画面——新画面的理解。

春天在哪里

[模本]	[仿编]
春天在哪里呀？春天在哪里？	春天在哪里呀？春天在哪里？
春天在那小朋友的眼睛里，	春天在那小朋友的耳朵里，
看见红的花呀，看见绿的草，	听见鸽子叫呀，听见鸡儿啼，
还有那会唱歌的小黄鹂。	还有蜜蜂在采蜜。
滴沥滴沥滴沥沥，	滴沥滴沥滴沥沥，
还有那会唱歌的小黄鹂！	春天在小朋友的耳朵里！

通过仿编，画面发生了大变化，但诗歌的主题和情感基调仍然没有变化，教师应引导儿童对新画面的理解。

注意，无论哪个年龄班的仿编，重点都应在儿童创造性想象上，不必苛求替换词的押韵。

2. 仿编诗歌的基本环节指导

(1) 在儿童仿编前教师做好相应的准备工作。

引导儿童学习诗歌，熟练掌握诗歌；引导儿童讨论诗歌，找出诗歌中的固定句式、情感基调等。准备相应的仿编教具，唤醒和拓展儿童相关生活经验，引导儿童展开丰富的联想和大胆的艺术想象。

(2) 教师示范仿编。

(3) 引导儿童部分仿编。

教师启发儿童展开分组讨论，并做好相应句子的串联和修改，快速做好记录，用录音或绘画方式记录，形成一首完整的新诗文。

(4) 激发儿童对文学创作的浓厚兴趣和自豪感，教师引导儿童学习自己新仿编的作品。

四、诗歌、散文教学活动的组织方法与指导要点

(1) 积累相关知识、生活经验。

(2) 与各种活动相结合，重在通过多种方式帮助儿童理解诗文。

(3) 把握不同年龄儿童的活动特点，有针对性地进行仿编。

(4) 留给学前儿童艺术型建构语言的尝试空间。

第四节　谜语、绕口令教学活动的设计与组织指导

一、谜语教学

1. 释义

谜语是特殊的诗歌，常以五字句或七字句构成四句儿歌，常用比拟手法综合描述某一

事物或现象的典型特征，如形状、颜色、声响、气味、动态、性质、用途等，而隐藏其名称，让儿童猜测。它既有诗歌语言通俗简练、押韵上口的特点，又是有趣的智力游戏材料，能开启儿童心智，训练其思维。

谜语对儿童发展的意义重大：谜语能丰富其知识，开阔眼界，提高语言和思维的概括性、准确性，发展观察力、想象力、思维能力和语言表达能力。谜语所具有的趣味性、智力挑战性、游戏性能充分激发儿童的求知欲，满足其好奇心，让儿童体验成功的快乐，达到玩中学、学中乐的境界。

2. 猜谜语教学的设计和组织要点

(1) 情境导入，引起儿童猜谜的好奇心和求知欲。

(2) 知道猜谜的具体方法。

教师介绍谜语由谜面和谜底两部分组成，要求儿童仔细聆听每个字、每句话，讲几句话连起来思考，谜面的每句话都要与谜底吻合、呼应，应把每一句的特征综合起来判断。

(3) 教师示范猜谜语，引导儿童将谜底与谜面的每一句话逐句对应、检验。

(4) 教师引导儿童猜谜。

(5) 记忆谜面儿歌。

(6) 以同样方法出示 2～3 个谜语，引导儿童猜谜。

(7) 教师小结，在儿童保持猜谜的浓厚兴趣情况下，继续引导儿童在日常生活中进行猜谜活动。

3. 编谜语教学的设计和组织要点

因编谜语需儿童具有一定的智力水平、生活知识经验、语言表达和思维的概括能力，所以主要在大班开展。

(1) 教师引导儿童认知谜语的特点。

(2) 教师示范编谜语。

(3) 教师出示谜底，引导儿童编谜语。

(4) 教师引导儿童欣赏、背诵自编谜语。

二、绕口令

1. 特点及意义

绕口令是由语音相近且容易混淆的字、词、句组成的一种练习发音的儿童游戏儿歌。绕口令具有内容和形式都比较生动活泼、诙谐幽默、形象有趣，由音相近或容易混淆的字构成，句式工整，朗读速度要快、准确、流畅等特点。

绕口令能帮助儿童练习正确的发音，训练儿童辨别汉字读音、区别近似音并吐字清晰；能帮助儿童矫正唇、齿、喉等发音部位和口型，矫正儿童口吃等语音障碍；能训练儿童语言和思维的敏捷性。

2. 选材要点

(1) 根据地域特色选材，以纠正发音。

(2) 根据学前儿童的年龄特点和本班儿童实际情况选材。

3. 教学指导环节

(1) 教师做好准备，熟练掌握所教绕口令，准备录音并做好相应的教具准备。

(2) 设置情境导入。

(3) 教师示范朗诵，用正常语速读准相似音，吐字清晰，富有情感。

(4) 帮助儿童理解绕口令所描述的内容。

(5) 引导儿童练习绕口令。

(6) 围绕绕口令展开相应的活动，如朗诵比赛等。

【本章思考练习】

1. 学前儿童文学作品活动的一般流程是什么？

2. 简述故事教学的设计思路。

3. 简述诗歌和散文教学的选材要点。

4. 设计一则中班故事教学活动方案。

第七章 谈话活动

第七章 谈话活动

【思维导图】

```
谈话活动 ─┬─ 谈话活动概述 ─┬─ 谈话活动的特点
          │                ├─ 谈话活动的类型 ─┬─ 日常谈话
          │                │                  ├─ 有计划的谈话活动
          │                │                  └─ 讨论活动
          │                └─ 谈话活动的目标 ─┬─ 言语交往方面的目标
          │                                   └─ 倾听方面的目标
          │
          └─ 谈话活动的设计与组织指导 ─┬─ 活动目标的确立 ─┬─ 准确、具体
                                       │                  └─ 全面且重点突出
                                       ├─ 活动内容的选择和安排
                                       ├─ 谈话活动的组织方式及注意要点 ─┬─ 示范法
                                       │                                ├─ 提问法
                                       │                                ├─ 讨论法
                                       │                                └─ 其他方法
                                       ├─ 谈话活动的结构和步骤 ─┬─ 创设适当的谈话情境，引出主题
                                       │                        ├─ 围绕话题，依托已有经验自由交谈
                                       │                        ├─ 围绕主题不断拓展谈话内容
                                       │                        └─ 结束谈话活动，反思评价
                                       └─ 谈话活动方案设计 ─┬─ 情况分析
                                                            ├─ 目标确立
                                                            ├─ 准备活动
                                                            ├─ 活动过程
                                                            └─ 延伸活动
```

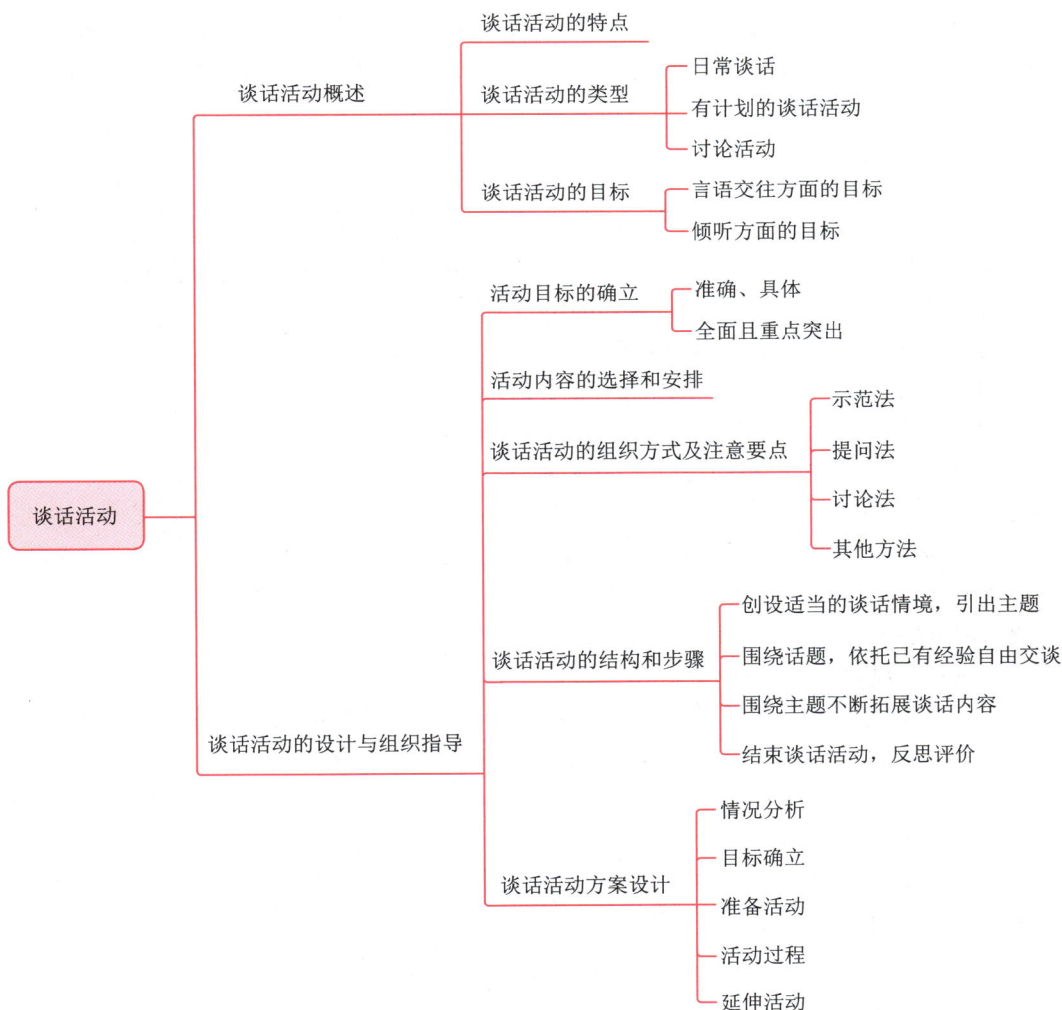

　　谈话是口语交流中广泛使用的形式。教师应该了解谈话本身的语言特点以及学前儿童谈话能力的发展特点，为学前儿童创设一个良好的语言环境，帮助学前儿童学习倾听他人谈

话，提供围绕一定话题进行谈话的机会，使学前儿童习得与他人交流的规则及方式，培养其人际交往能力。

第一节 谈话活动概述

谈话是指两个或两个以上的人就某一主题进行对话、交谈。所谓交谈，实质上是互相接触性谈话，意味着相互之间的语言沟通、互动、合作。学前儿童的谈话活动往往是在创设日常口语交往的情境中，调动儿童已有经验，使其围绕一定的话题倾听他人意见、表达自己想法的语言教育活动。

谈话是最常见的语言运用形式，也是儿童语言发展的重要途径，对儿童口头语言发展有重要意义。谈话有助于儿童学习倾听和交流表达，丰富词汇，提高理解力，发展思维和认知能力，为后期语言（口语和书面语）发展打下基础，也能培养儿童在语言交往中的灵活性和机智性，提高人际交往水平。

一、谈话活动的特点

谈话过程包含着谈话的传递、导向、推进等语言要素。谈话的发起、谈话中的应答和轮流、谈话主题的深入与转换、谈话的总结与结束等是其中较为关键的语言要素。

(1) 谈话时，应确定一个具体、有趣的中心话题。

① 中心话题应是儿童日常生活中熟悉的、喜闻乐见的。

② 中心话题要对儿童具有一定的新鲜感和刺激性。

③ 中心话题要与儿童已有的知识经验相适应。

(2) 谈话活动是多方参与的言语交往活动。

这是谈话活动与讲述活动最主要的区别。谈话活动更侧重于儿童的言语交往，由此构成了儿童与教师、教师与儿童、儿童与儿童交谈的三种不同的基本模式。在这三种交流模式中，前两种是有一定区别的。

(3) 谈话的语境应随意、宽松、自由。

① 话题扩展和见解自由。

谈话活动中没有统一的答案和看法，也没有什么一致的讲述经验和思路。儿童完全可以根据自己的意愿和内心感受，将自己的想法直截了当地表达出来，与大家共享。这一点也正是谈话活动的独特魅力所在。

② 语言自由，注重交互，不强求规范。

谈话活动的主要目的是鼓励儿童大胆地与他人交谈，勇于并善于表达自己的意见和想法，但同时它不要求必须运用规范的言语与他人交谈。

谈话活动的特点

二、谈话活动的类型

1. 日常谈话

日常谈话带有极大的情境性、随机性和感情色彩，不受时间、地点的限制，适用于三个年龄班。

1) 日常个别谈话

日常个别谈话的主要目的在于增强部分儿童的自信心，调动儿童参与活动的兴趣和积极性。

2) 日常集体谈话

与日常个别谈话相比，日常集体谈话因为参与人数多，具有更多的可能性，话题更自由，能够同时有多个话题，形式也更活泼，可以是教师与儿童间的谈话，也可以是儿童间的谈话，还可以是儿童和教师的讨论等。

比如在每日散步时，教师可以就园内花草树木或其他的环境变化与儿童进行交谈和讨论，教师可以通过问"滑梯旁新添的轮胎秋千可以怎么玩？你们猜猜是谁把它搬到这儿来的？""我们要怎样爱护轮胎秋千？"等问题，随机挑起话题，引导儿童自由交谈。

2. 有计划的谈话活动（小班下学期开始）

有计划的谈话活动是教师制订一定的计划和教案，依据事先确定的话题，有目的地组织儿童进行谈话。

教师可以拟定以下话题：

(1) 我喜欢的（儿童的情感态度体验，如我喜欢的玩具、食物、运动、人或动物等）。

(2) 我经历的（分享周日家庭聚会、旅游等新奇有趣、印象深刻的事情）。

(3) 我和周围的人（如爸爸、妈妈、爷爷、奶奶、老师及小朋友等）。

(4) 我想要的（愿望、能力等，如"妈妈我想对你说"）。

(5) 我和节日（如六一儿童节、国庆节、中秋节等）。

(6) 周围环境的变化（如"春天的玉兰花有什么颜色？秋天的火炬树怎么枯萎了？"）。

有计划的谈话活动需要事先进行精心的准备和计划。由于有计划的谈话活动对儿童的有意注意、有意记忆及言语能力有一定的要求，因此一般而言，这种活动从小班下学期开始进行。

3. 讨论活动（中班以后）

讨论活动是一种特殊的谈话活动形式。说其特殊，是由于它在话题形式、言语交往和教师的指导上都有开放性的特点。

(1) 讨论活动的话题一般是开放性的问题，同时讨论所涉及的事物应与儿童已有的知识经验相符合，但对儿童来讲又有一定的难度。

例如，讨论的话题可以是"假如你是大人，最想做的事是什么？""小鸟会飞，人为什么不会飞？"等，这些话题可以让儿童随意发挥，没有什么固定的答案。

(2) 讨论活动是一种开放性的言语交往活动。

在讨论中，儿童既要清晰地向对方表达自己的看法，又要善于倾听他人的见解并进行分析、驳斥或接纳，从而使言语交往延续下去。交往对象可以是一对一，也可以是一对多。

讨论活动对儿童言语能力、思维能力都提出了很高的要求，因此一般在中班以后才适合开展这项活动。

(3) 教师的指导态度要开放。

不要一味地从成人的角度去评判儿童的某些看法行不行得通，合不合理。教师要将指导的重点转向儿童的言语交往能力，而对儿童的某些富有想象力和创造力的看法采取包容和接纳的态度，不排除、不否定带有神聊或"侃大山""吹牛"性质的谈话，如儿童说："人不会飞是由于没有翅膀，但人可以从小天使那儿借到一双翅膀，这样就可以像小鸟一样飞在高高的蓝天上了。"

三、谈话活动的目标

谈话活动实质上是培养儿童的倾听习惯(倾听的主动性、倾听的行为和回应行为)和倾听能力(理解对方话语的直接含义并做出相应行为，初步理解对方话语中语词、句子、语气中隐藏的含义)，使儿童掌握交流和表达的规则(礼貌用语、谈话规则、谈话主题)、谈话策略(发起谈话、辅助表达、维持谈话)等。

谈话活动的年龄阶段目标有以下几个方面。

1. 言语交往方面的目标

1) 小班

(1) 喜欢与老师、小朋友交谈。

(2) 知道别人说话时不能随便插嘴，不抢着说话。

(3) 能围绕一定的话题用简短的语言表达自己的请求和愿望。

2) 中班

(1) 能积极、愉快地与人交谈，不随便打断他人的讲话。

(2) 学习各种交往词语的内容和用途。

(3) 学习用不同的说话方式与不同的人交谈。

(4) 能积极地学习他人的讲述经验，能用轮换的方式与人交谈。

3) 大班

(1) 能就某个话题主动地与他人交谈，并能较完整地表达自己的看法和见解。

(2) 熟悉各种交往词语的内容、类别、用途。

(3) 会在不同场合用不同的音高、音量、语句与人交谈或讨论。

(4) 能在交谈中对自己的看法进行补充或修改，对他人的意见表示赞同或提出疑问和批评。

2. 倾听方面的目标

倾听方面的目标可以分为两个层次：一是一般的倾听能力，这是倾听的习惯和态度；二是分析性的倾听能力。

(1) 小班：注意安静地倾听别人说话，并能做出积极、简短的回答。

(2) 中班：能认真地倾听别人说话，并能针对对方的话表述自己的看法和主张。

(3) 大班：能较耐心地倾听别人说话，并能在倾听中把握谈话的关键信息，针对谈话主题和同伴的发言提出自己的见解或批评性意见。

谈话活动的作用

第二节　谈话活动的设计与组织指导

一、活动目标的确立

1. 准确、具体（基本要求）

(1) 总目标、年龄阶段目标的准确转化：每次谈话活动的具体目标都应该要体现总目标的要求，同时要适应阶段目标，从而使目标的确立符合各年龄班儿童的特点。

(2) 内容的准确体现：教师不能忽略教育目标随意选择谈话内容，应真正做到目标体现内容、内容反映目标。

2. 全面且重点突出

谈话活动的目标包含三个方面的内容：言语表达、倾听、其他方面。

教师在制订一个具体的谈话活动目标时，应尽量使本次活动的教育功能充分地发挥出来，从而使目标的确立体现全面性的原则。

此外，在确立目标的过程中还要明确哪些目标是直接目标，在目标陈述中要突出其重要位置；哪些目标是间接目标，也不应忘记。

二、活动内容的选择和安排

谈话活动的话题很多、很丰富，谈话的语境相对也比较自由，但这并不是说谈话活动的内容就可以随意选择。相反地，教师在选择、安排谈话活动的内容时一定要注意以下几点。

(1) 选择和安排的内容要有目的性和计划性。

(2) 取材的内容和范围应广泛，有教育意义。

(3) 谈话活动的内容和范围应与儿童的言语和知识经验相符合。

三、谈话活动的组织方式及注意要点

1. 示范法（一般在小、中班运用得较多）

教师可以用言语示范新的言语交往技能，也可以用非言语的形式示范言语交往规则和倾听态度。例如：在谈话活动"我爱吃的水果"中，教师可以这样描述："我爱吃西瓜，因为西瓜很甜，西瓜汁很多，西瓜皮还能治病；夏天天气炎热时，吃一块西瓜就像吃一根冰棍一样舒服。"又如，教师在听某个儿童讲话时，眼睛注视对方，并不时地点头表示同意对方的意见。这些非言语动作同样也能起到示范的作用。

一般说来，示范法应在儿童充分交谈后再使用，这主要是为了避免儿童的思维局限于教师的示范模式上。

2. 提问法

通过提问，教师既可以让谈论的话题逐层深入下去，也可以使偏题的谈话或讨论回到原来的话题上。

1) 提问法在日常谈话中的运用

日常谈话随机性强，气氛自由宽松，因此可以运用提问法引出话题。

有些问题是封闭式的，而有些问题是开放式的。对于封闭式的问题，儿童只要答"是"或"不是"即可；而对于开放式的问题，则要求儿童通过回忆并组织简短的语句进行回答。

2) 提问法在谈话活动几个阶段中的运用

(1) 创设谈话情境阶段：通过提问引出谈论的话题。

(2) 围绕话题深入交谈阶段：通过提问使话题逐步递进，使儿童深入地谈论自己的认识和观点。

3) 使用提问法的注意要点

(1) 注意提问法的不同使用方式和作用。

从话题的开展角度看，提问法有三种作用。

① 唤起儿童的回忆。通过提问，引导儿童回忆并谈论所经历的事情及印象。

② 帮助儿童对某件事做出评价或判断，以使谈论的话题层层深入。例如，教师问："你为什么喜欢西瓜？"这些问题有助于儿童对话题作深入思考和交谈。

③ 以提问方式帮助儿童始终围绕着话题进行交谈，避免跑题。

(2) 问题要富于启发性，并有一定的难度。

3. 讨论法

讨论法主要运用在围绕话题自由交谈阶段，运用讨论法时需要注意以下几点。

(1) 讨论时可以采用分组形式。

(2) 讨论时应注意个别差异。

4. 其他方法

谈话活动的组织方式还有游戏法、表演法、操作法等。

四、谈话活动的结构和步骤

谈话活动的基本结构一般包括以下四个层次。

1. 创设适当的谈话情境，引出主题

本层次的目的在于引出谈话和讨论的话题，使儿童在活动之初就能被吸引到活动中来，从而做好谈话的准备。

教师要做到以下两点：其一是营造一个宽松、自由的谈话氛围；其二是创设生动、有趣的谈话情境。这是针对话题引出的方式而言的。

一般说来，谈话情境的创设有以下三种方式：

(1) 用实物或直观教具创设情境。

(2) 以语言创设谈话情境。

(3) 以游戏表演的形式创设情境。

注意：这一步只是一个引子，时间为 3～5 分钟即可。

2. 围绕话题，依托已有经验自由交谈

(1) 给儿童充分的自由，以讲述内心的真实感受。

教师在指导中应尽量做到"一围绕两自由"。"一围绕"即教师指导儿童围绕话题大胆地与同伴交谈；"两自由"是指交谈的内容自由，交谈的对象自由。一般而言，教师不要固定儿童的交谈伙伴，教师要以参与者的身份加入谈话。

(2) 面向全体的同时，注意自由交谈中的个体差异。

教师应关注儿童的个体差异。儿童语言能力的发展存在个别差异，例如有的儿童性格内向，平时不善于与他人交流。对理解能力、表达方式存在困难或语言表达能力相对较差的儿童，教师要特别给予关注和帮助，在谈话活动中，只要这类儿童有发言意识，就给他们机会，并对他们每一次的参与，及时给予肯定和鼓励。

3. 围绕主题不断拓展谈话内容

儿童围绕主题自由交谈后，教师要自然地逐步拓展谈话的思路和方法 (这才是谈话的重点、核心内容)。

(1) 主题的拓展是逐步进行的。

第一，按"对话题对象的描述和基本态度→为什么会有这种态度→对话题对象的独特感受"的顺序，帮助儿童拓展思路，唤起儿童更多的回忆和内心感受。

第二，从大主题衍生或分解出小主题。

(2) 注意培养儿童交流和表达的规则意识。

比如在谈话交流时提醒儿童使用礼貌用语，文明交谈，不说脏话、粗话；遵守谈话规则，学会轮流发言、举手示意、有序发言，不插话、不抢话。

谈话技能、态度和规则的学习是一个逐步的养成过程，教师不要急于求成，想在一两次活动中就收到立竿见影的成效显然有悖儿童语言发展的规律。

(3) 教师要做好间接指导、隐性示范。

教师在日常和儿童相处、教育教学过程中应经常有意识地发现或营造谈话契机，围绕某一话题自然而然地和儿童谈论自己喜欢的书、经历的事、心情等，暗暗引入新的谈话经验，以春风化雨润物无声的方式间接给儿童提供隐性的谈话示范或模仿对象。

4. 结束谈话活动，反思评价

(1) 教师总结。

教师总结儿童的谈话经验和内容，评价儿童的态度和表现。如哪些儿童积极参与，哪些儿童提到了有意思的话题，哪些儿童的谈话思路比较清晰，哪些儿童的语言用词准确、表达流畅等，使儿童通过教师的总结与评价进一步感受并明确谈话的思路和应该学习的经验。教师最后也可做示范性谈话，为儿童模仿谈话的思路流程做铺垫。

(2) 延伸活动。

将谈话活动延伸到家庭、其他领域活动、区域活动、自由游戏和生活中。

（上）　　　　　（下）
谈话活动的设计

五、谈话活动方案设计

1. 情况分析

情况分析是设计谈话活动方案的第一步。只有做到对本班儿童的现有情况心中有数，教师才能确定活动的目标、内容和组织形式。情况分析多以隐性的形式存在，主要分析两方面的内容：一是本班所有儿童言语交往经验的水平，以及个别儿童的现状，从而使一个活动能满足所有儿童的需要；二是分析前期活动中是否进行过与本次谈话类似的言语经验的传授。

2. 目标确立

目标确立要准确、具体、全面且重点突出。

3. 准备活动

(1) 准备材料 (如教具、学具的名称、数量及来源)。

(2) 布置活动室。

(3) 准备知识经验。

4. 活动过程

(1) 开始部分：创设适当的谈话情境，引出话题。

(2) 中间部分：围绕话题自由交谈；围绕话题拓展谈话内容。

(3) 结束部分：教师简评或儿童自评。

5. 延伸活动

将学到的新言语经验迁移到日常活动中。

（上） （下） （上） （下）

谈话活动的实施　　　　　　　　　谈话活动的评价

【本章思考练习】

1. 谈话活动的特点是什么？

2. 谈话活动的目标是什么？

3. 简述谈话活动的设计与组织过程。

4. 独立设计一个谈话活动方案。

第八章 讲述活动

【思维导图】

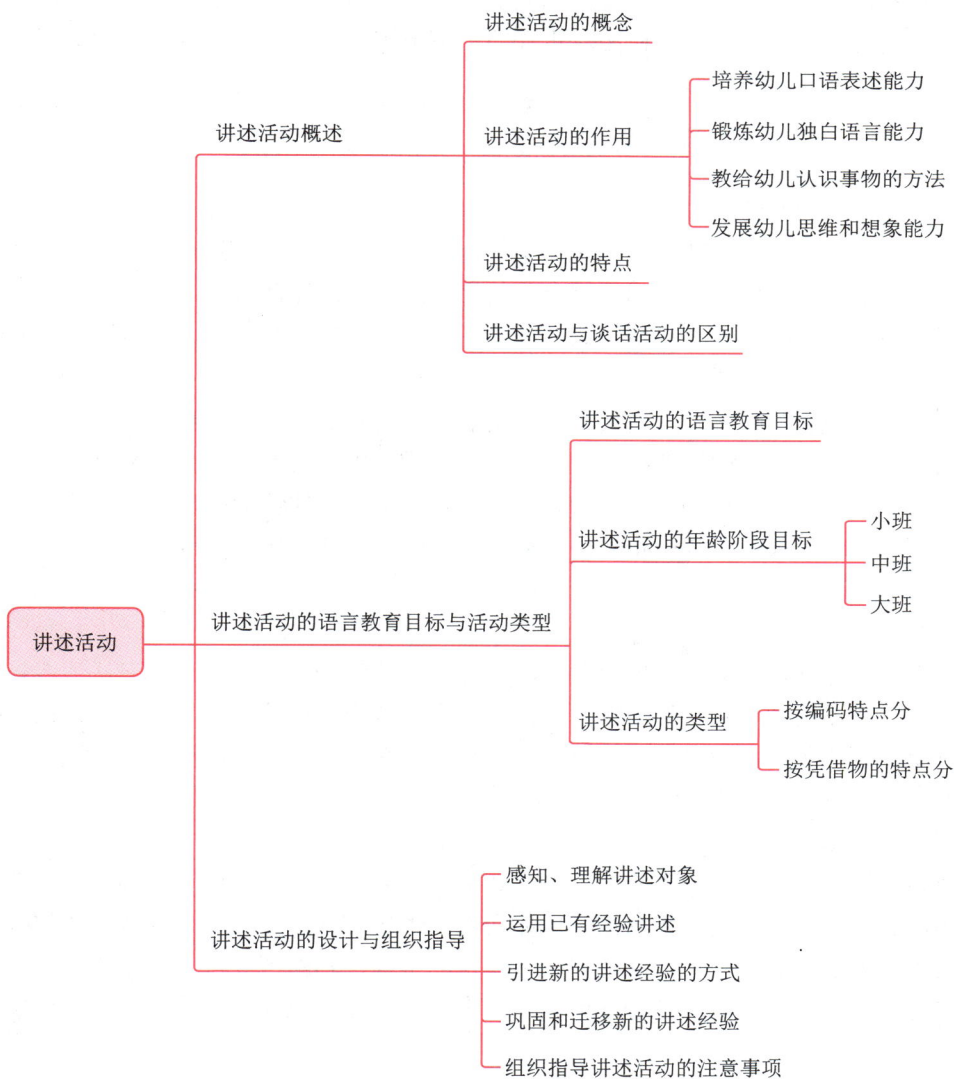

本章主要介绍幼儿讲述活动的基本概念、特点、类型、活动目标及其设计、组织的基本方法。通过本章的学习，学习者应理解讲述活动的概念以及讲述活动对学前儿童语言发展的特殊作用；理解讲述活动的基本特征、讲述活动的语言教育目标和讲述活动的类型；掌握讲述活动的设计与组织的基本方法。

▌ 第一节　讲述活动概述

一、讲述活动的概念

讲述活动是让幼儿在一个相对正式的语境中，采用独白语言，清楚、完整、连贯地将自己对某一事件、事物的看法态度表达出来的语言教育活动。这类活动要求幼儿依据一定的凭借物，使用比较规范的语言在相对正式的语境下来表达个人对某事、某物或某人的认识，进行独白性语言表述。

二、讲述活动的作用

1. 培养幼儿口语表述能力

在讲述活动中，幼儿需要独立构思讲话内容，斟酌用词及讲述的顺序，选择讲述的重点和中心，考虑怎样让别人听懂和理解自己的话。所以，讲述活动能够帮助幼儿掌握讲述的一般方法和特殊方法，使幼儿能够连贯、完整、清楚地讲述某一事物，提高口语表达能力。

2. 锻炼幼儿独白语言能力

幼儿园语言教育的目标之一是培养幼儿的表述能力，讲述活动中着重培养的独白语言能力是幼儿语言表述能力的重要组成部分。在讲述活动中，幼儿有机会逐渐学习在集体面前独立讲述自己的想法，把一事、一物、一个人物讲清楚，他们的独白语言表述能力在这个过程中逐步得到发展。在教师指导下，幼儿所讲的内容逐渐达到完整、清楚、符合逻辑等要求。

3. 教给幼儿认识事物的方法

幼儿在讲述之前，先要认识所讲的事物，通过讲述活动，幼儿能够学习认识事物的顺序和方法。以讲述活动"菊花"为例，幼儿自己先要认识菊花的特征，再学习认识花的组成部分以及认识的顺序，如名称→颜色→花瓣形状→味道→叶子→用途→开放时间→赞美的话，使自己的讲述给听的人一种完整清楚的印象。

4. 发展幼儿思维和想象能力

在讲述活动中，幼儿需要观察、分析事物的特征、事件的发生原因和顺序，体会不同人物在相同、不同状态下的思想感情。比如在看图讲述时，图片中的人、事、物都有一定的因果关系或者前后顺序存在，幼儿要经过一定的推理、判断、分析，才能认识自己所要讲述的内容，然后组织语言清楚有序地表述出来。这个过程极大地发展了幼儿的想象和思维能力。

讲述活动的作用

三、讲述活动的特点

1. 讲述活动有一定的凭借物

讲述活动一般有一定的凭借物。这里所说的凭借物，指讲述活动中教师为幼儿准备的或幼儿自己参与准备的图片、实物、场景等。教师通过提供讲述活动的凭借物，给幼儿划定讲述的中心内容，使他们的讲述围绕凭借物展开，语言就更具有明显的指向性。

讲述需要一定的凭借物，是基于两个方面考虑的。

(1) 符合幼儿讲述学习的需要。

幼儿的经验和表象积累不足，不能完全凭借记忆进行讲述，否则有可能出现两种情况：或者因记忆中材料不够而无法达到讲述要求；或者因集中注意力搜索记忆中的经验，而忽视讲述内容的组织与表达。因此，幼儿在讲述活动中需要有一定的凭借物。

(2) 符合集体参与活动的需要。

讲述活动出现一定的凭借物可以为幼儿指出讲述的中心内容。幼儿可以从每个人具体的认识角度去讲述相同或相似的内容，并且产生相互交流和相互影响的作用，可以相互参考模仿，实现同伴交往过程中的学习发展。

2. 讲述活动有相对正式的语境

与其他各类语言教育活动尤其是谈话活动相比较，讲述活动为幼儿提供的是一种比较正式的学习和运用语言的场合。这种正式表现在两个方面：

(1) 语言规范，幼儿需要使用较为完整的连贯句。

(2) 环境规范，一般在专门的教学活动中开展这类活动。

讲述活动必须根据语言环境要求，针对具体言语凭借物的实际情况，组织口语表达的内容和方式，运用正规的语言风格说话，这是讲述活动的一个重要特点。

3. 讲述活动旨在锻炼幼儿独白言语的能力

讲述活动是幼儿语言交际的一个场合，幼儿要学习的讲述是一种独白语言。独白，顾名思义，需要说话的人独自构思和表达对某一内容的完整认识。在讲述活动中，幼儿的言语交流对象是不明确的，往往由一个人讲给多人听，说话的话语相对较长，彼此所说的一段话并不需要上下紧扣，而是相对独立、各成篇章的。

4. 讲述活动需要调动幼儿的多种能力讲述

讲述之前幼儿首先需要感知理解凭借物，唤起已有经验，对其形成一定的认识，在此基础上构思、组织自己的独白语言，再用相对规范、完整、清楚的口语表达出来。实质上经历了一个从独立完整地编码到独立完整地发码的过程。而且，不同的讲述内容有不同的思维方式、逻辑顺序，这对幼儿的观察力、记忆力、想象力、思维能力的要求都很高。如果幼儿缺少这些能力的配合，讲述的水平就不会高。可见，多种能力的综合配合是讲述活动顺利、高水平开展的有效保障。

讲述活动的特点

四、讲述活动与谈话活动的区别

谈话活动和讲述活动都是提高幼儿口语表述能力的有效教学形式，都要求贴近幼儿生活，都要运用提问方式引导幼儿开展活动，都需要教师营造自由平等的活动气氛等。但它们毕竟是不同的教学形式，所以有各自的特点。

谈话活动是在一定主题内容和目的范围内，以对话形式进行的语言活动。它不同于生活中随意性很大的一般谈话，也不同于其他语言教育形式。幼儿园的谈话活动一般包括看图谈话、情境谈话、参观后谈话、总结性谈话等，有效地组织谈话活动对培养幼儿的语言能力有重要的作用。

讲述活动是教师根据教学计划，要求幼儿把观察到的内容，用连贯的独白语言进行表述的教育形式。作为发展幼儿口语表达能力的重要形式，讲述活动主要培养幼儿完整掌握口头语言，发展幼儿连贯性独白语言。

1. 活动目标不同

1) 谈话活动

谈话活动是教师根据教育目的和教育需要面向全班幼儿的谈话，其活动目标表现为以下三个方面：

(1) 培养幼儿在与他人谈话中学会倾听，及时从中捕捉有效的信息。倾听是幼儿学会交谈的基础，因为只有听懂对方的话语，理解谈话内容，把握谈话的关键信息，联系上下句的意思，才能有效地做出反馈。

(2) 引导幼儿学习围绕一定的话题谈话，表达个人见解。谈话活动最基本的思路是围绕一定的话题谈话，这对于改正幼儿注意力容易分散、语言相对匮乏的缺点有很大意义。

(3) 引导幼儿学习简单、基本的交谈规则，提高与他人交往的能力。这就要求幼儿能在谈话中充分发表自己的意见，使谈话围绕某主题继续进行。

2) 讲述活动

讲述活动则是教师通过各种方式为幼儿提供讲述的内容，帮助和指导幼儿有中心、有重点、有顺序地进行构思和讲述。其活动目标表现为以下几个方面。

(1) 培养幼儿认真观察对象并完整讲述的能力。教师可以提供图片、泥塑、剪纸等材料，引导幼儿有序观察，逐步掌握观察的经验，为讲述做好准备。

(2) 发展幼儿连贯性的独白语言。这是讲述活动最主要的目标。它要求幼儿不但要说好每句话，而且要说清楚每段话，理清各句的语序和逻辑关系，并要将观察到的内容独立讲述出来，对幼儿的要求更高。

(3) 要求幼儿创造性地扩展讲述内容，发展幼儿的想象力，开阔幼儿的思路。创造性讲述活动要求幼儿不但能讲出直接感知的内容，而且要通过想象再造新的内容。

由此可见，谈话活动注重的是幼儿运用口头语言与他人进行交流的能力，而讲述活动则侧重于幼儿清楚、完整、连贯地表述某一事物的能力。

2. 活动内容不同

1) 谈话活动

谈话活动是幼儿与幼儿之间、教师与幼儿之间的交流，一般围绕日常生活开展。只有让幼儿讲述相关的生活经历，幼儿才有材料可说，才能够使谈话继续下去。谈话活动中的看图谈话、情境谈话、参观后谈话、总结性谈话，与幼儿的生活紧密相关。如谈话活动"快乐的星期天"要求幼儿说出自己星期天最喜欢跟谁玩、去哪玩，是教师根据需要、根据班级幼儿共同的兴趣进行的集体谈话，以帮助幼儿整理日常生活中感知到的零散的知识，纠正幼儿的片面认识。在幼儿感性认识事物的基础上，通过谈话加以初步整理和概括，不仅能系统化幼儿的知识，而且可以使幼儿对谈话主题印象深刻，从而激发其交谈的兴趣。

教师在谈话活动之前，可以为幼儿创造良好的条件，丰富他们的生活，多渠道地帮助幼儿积累生活经验，让他们广泛接触各类事物。对谈话活动题目的确定，教师既要考虑生活的需要，又要考虑前一段教育和教学的情况。如最近到哪里参观过，有什么重大的节日活动，以及幼儿对什么事物感兴趣，再生成相应的活动。同时，谈话活动的题目一定要具体，目的要明确，内容不能太宽泛，要适合幼儿的理解水平。

2) 讲述活动

讲述活动作为幼儿口语表达的有效教育方式，主要包括看图讲述、情境讲述、生活经验讲述等，同样需要一定的生活经验和印象。尤其是生活经验讲述，要求教师在确定讲述题目前，深入了解幼儿的生活。讲述的主题一定要是幼儿熟悉的、感兴趣的、印象深刻的内容。这与谈话活动很相似，但是谈话是采用双方交谈的方式，而讲述采用的是幼儿独立讲述的方式。

谈话活动主要是与幼儿已有生活经验有关的活动，只要在确定的主题里，幼儿可以与同伴自由地、天马行空地谈，没有限制；相比较，讲述活动更侧重对某一主题的图片、实物或情境进行连贯的、独立的描述。

3. 语言规范要求不同

1) 谈话活动

谈话活动拥有宽松自由的交谈气氛，不特别强调规范化的语言。它鼓励幼儿相互交谈，积极表达个人想法，在谈话主题范围内说自己想说的话，说自己独特的经验，且不要求他们严格使用准确无误的句式、连贯完整的语段。实际上，谈话活动重在给幼儿提供说的机会，让幼儿在用语言交流的过程中，操练自己的语言并产生相互影响，通过提高自己对口语交流规则的敏感程度而发展语言能力。

2) 讲述活动

讲述活动则要求幼儿有中心、有重点、有顺序地完整讲述教师提供的主题内容。正确是讲述的基本要求，即讲述能围绕一定题目，用词准确，词语搭配恰当，使用复合句时，能正确运用连接词或关联词，做到条理清楚、前后连贯。生动是对幼儿口语的更高要求，即讲的内容要生动、形象，会选择恰如其分的形容词进行描述，能根据表达要求恰当地运用复合句。因此，在讲述时，幼儿既要看，又要回顾已有的知识，对主题进行构思，还要用较正式的语句有条理地完整讲述。所以，讲述主要培养幼儿掌握口头语言，发展幼儿的连贯性独白语言。

4. 适用范围不同

1) 谈话活动

谈话活动是在谈话中发展语言，对幼儿语言方面的要求伸缩性大，根据幼儿所掌握的知识，对不同年龄、不同发展程度的幼儿可提出不同的要求。所以它的适用范围很广，贯穿幼儿园的语言教育。相比较而言，看图谈话和情境谈话符合小班幼儿的语言发展水平，参观后谈话和总结性谈话一般在中班、大班进行，但要求不同。

2) 讲述活动

讲述活动是发展幼儿的独白语言，这比对话语言更为复杂、更为正式，要求具有更高的语言能力。因为年龄小的幼儿不适宜进行讲述活动，所以并不要求小班幼儿具有讲述能力。在小班主要通过问答谈话方式来训练幼儿的口语表达能力，到了中班以后才逐步要求幼儿会连贯地进行讲述。不过，为了适应幼儿的身心特点，教师也可以穿插一些简单的看图讲述活动，先提出一些问题，让幼儿根据问题的要求观察，再告诉他们图片的题目，以帮助幼儿理解图片的内容。随着幼儿年龄的增长，讲述活动可不断增加难度。

作为发展幼儿口头语言的两种方式，谈话活动和讲述活动各具特色，教育上各有侧重。教师可以根据本班幼儿的特点和教育目标，合理运用谈话活动和讲述活动，使它们发挥出促进幼儿发展的最大价值。

第二节　讲述活动的语言教育目标与活动类型

一、讲述活动的语言教育目标

1. 培养学前儿童感知、理解讲述对象的能力

从语言学习的角度来看，感知、理解讲述对象，获得有关讲述内容的要求，是一个综合信息的汲取过程。这个过程并非简单地听和说，还有各种语言和语言之外的认知，如社会能力的参与、加工和协调工作。因此，将活动的目标之一放在培养幼儿感知、理解讲述对象、获得有关讲述内容的要求等方面，将有益于幼儿不断增强汲取这种综合信息的能力，这对幼儿语言和其他方面的发展都会产生极大的促进作用。

2. 培养学前儿童独立构思与清楚完整地表述的意识、情感和能力

讲述活动为幼儿提供了独立构思和清楚完整表述的好机会。通过这类活动，可从三个方面提高幼儿的语言水平。

(1) 在集体场合自然大方地讲话。

在集体场合自然大方地讲话包括这样几点要求：一是勇于在许多人面前说出自己的想法；二是乐于跟别人分享自己的观点，积极地说话；三是在集体面前说话不忸怩作态，不

脸红害羞，不胆怯退缩；四是用大于平时讲话的音量和正常的语调、节奏在集体面前说话。

(2) 使用正确的语言内容和形式进行讲述。

(3) 有中心、有顺序、有重点地讲述。

3. 培养幼儿掌握对语言交流信息清晰度的调节技能

在讲述活动中，幼儿可从以下三方面提高对交流信息清晰度的调节技能。

(1) 增强对听者特征的敏感性。

根据听者的特征来调节说话的内容和形式，使听者能理解和接受，这是保证交流信息清晰度的一个方面。

(2) 增强对语境变化的敏感性。

根据语言环境的变化来调节语言表达方式，也是保证交流信息的清晰度、促使听者理解的一个方面。

(3) 增强对听者反馈的敏感性。

在运用语言进行交流时，幼儿需要学习根据听者所做出的反馈，及时调整自己说话的内容和方式，这是保持语言清晰度和交流效果的又一种语用技能。

二、讲述活动的年龄阶段目标

1. 小班

(1) 能有兴趣地运用各种感官，按照要求去感知讲述内容。

(2) 理解内容简单、特征鲜明的实物、图片、情境。

(3) 愿意在集体面前讲述。

(4) 能正确说出讲述内容的主要特征或主要事件。

(5) 能安静地听教师或同伴讲述，并用眼睛注视讲述者。

2. 中班

(1) 养成先仔细观察后表达讲述的习惯。

(2) 逐步学会理解图片和情境中展示的事件的顺序。

(3) 能主动地在集体面前讲述，声音洪亮、句式完整。

(4) 学会按照一定的顺序讲述实物、图片和情境的内容。

(5) 能积极倾听别人的讲述内容并发现异同，从中学习好的讲述方法。

3. 大班

(1) 通过观察，理解图片、情境中蕴含的主要人物关系和思想感情倾向。

(2) 能重点讲述实物、图片、情境，突出讲述的中心内容。

(3) 在集体面前讲话态度自然大方，能根据场合的需要，调节自己讲述的音量和语调。

(4) 讲述时语言表达流畅，用词较为准确。

(5) 能在集体中专注、长时间地听别人讲述，并能记忆讲述的内容。

三、讲述活动的类型

按照不同的标准，讲述活动可分为不同的类型。

1. 按编码特点分

1) 叙事性讲述

叙事性讲述即用口头语言把人物的经历、行为或者事件的发生、发展、变化讲述出来。叙事时要求说清楚人物、事件、时间、地点和为什么，并且要求说明事情发生、发展的先后顺序。

2) 描述性讲述

描述性讲述即用生动形象的语言，把人物的状态、动作或物体、景物的性质、特征具体地讲述出来。

3) 议论性讲述

议论性讲述即通过摆观点、摆事实来说明自己赞成什么或者反对什么。

4) 说明性讲述

说明性讲述即用简单明了的语言，把事物的形状、特征、用途等解说清楚。

2. 按凭借物的特点分

1) 看图讲述

教师启发幼儿在观察图片、理解图意的基础上，将图片内容准确完整地表述出来。

(1) 单张图片讲述：是最简单的讲述形式，一般在小班进行，以问答的形式进行，主要培养小班幼儿说完整句子的能力。如"图片上有什么？在干什么？图片上主要对象的简单特征是什么？"

(2) 多张图片讲述：主要在中、大班进行，幼儿按顺序将多张图片的内容、图片与图片之间的关系用完整、连贯的语句表达出来。如"图片上有什么？在做什么？是怎么做的？为什么要这么做？图片上的对象当时的内心体验是什么？"

(3) 排图讲述（前面多为静态，此为动态）：首先要求幼儿将无序的图片排出顺序，讲清理由，然后讲述图片的主要内容。一般在中、大班进行。

看图讲述还可根据创造性成分的多少分成描述性看图讲述和创造性看图讲述。描述性看图讲述不仅要求幼儿能观察到图片的对象和现象的主要特征，细节部分、事物之间的关系，能恰当地运用语言进行细致的描述，讲清楚图片上表述的是什么内容，还要求幼儿能根据画面描述对象的心理状态；创造性看图讲述不仅要求幼儿能讲出图片主次内容的特征和相互关系，而且要求幼儿能根据图片提供的线索展开想象，变成简短而又有情节的故事，并且连贯的语言独白表达。

2) 实物讲述

实物讲述是指在观察实物后，要求幼儿将实物的基本特征、用途、使用方法等多方面内容清楚地描述出来。

实物讲述活动要与常识活动区别开。实物讲述更侧重描述、倾听等言语方面的目标，而花在认识这种实物的时间较少。实物讲述应在已经熟悉这种实物的基础上进行。

实物讲述活动三个年龄班都适用。

3) 情境表演讲述

情境表演讲述也叫情景讲述，是要求幼儿凭借对情境表演的观察与理解来进行讲述活动。在某种情境表演后（如童话剧、木偶、玩具表演），在老师的帮助下，幼儿将表演的情节、对话和内容连贯地表达出来。

首先要求幼儿集中注意力观看，有较好的记忆力，不仅要记住人物和情节，还要记住人物的对话，甚至还要感受人物的内心体验。

情境表演表述一般在小班后期或中、大班进行。

4) 生活经验讲述

幼儿在教师指导下，根据已有生活经验，用完整连贯、有条理的语言讲述自己生活中经历或见过的印象深刻、感兴趣的事物。

其凭借物既可以是实物、图片、情境，也可以是语言提示，主要起到唤醒相关生活经验记忆的作用。幼儿讲述的对象是记忆表象而不是眼前真实存在的事物或情景，故要求其具有更高的心智水平。

第三节 讲述活动的设计与组织指导

讲述活动设计和组织的基本结构由四个步骤构成，分别是感知、理解讲述对象，运用已有经验讲述，引进新的讲述经验，巩固和迁移新的讲述经验。

一、感知、理解讲述对象

讲述活动的特点之一，是具有相对固定的讲述对象(即凭借物)，因而在设计组织讲述活动时，首先要帮助幼儿感知、理解讲述对象。

感知、理解讲述对象，主要是通过观察的途径进行的。这里所说的观察，大部分是通过视觉汲取信息，但也不排斥从其他感觉通道去获得认识。

该环节的任务是引导幼儿通过视觉、触觉、听觉等多种感官通道获取信息去感知、理解讲述对象。

该环节的重点在于指导幼儿充分、具体地观察、感知、理解讲述对象，为讲述打好基础。教师在指导幼儿感知、理解讲述对象时应把握以下三点：

(1) 依据讲述类型的特点感知、理解讲述对象。

(2) 依据凭借物的特点感知、理解讲述对象。

(3) 依据具体活动要求的特点感知、理解讲述对象。

二、运用已有经验讲述

在幼儿感知、理解讲述对象的前提下，教师引导幼儿运用已有的经验进行讲述。这一步骤的活动组织要求教师尽量放开让幼儿自由地讲述，给予他们充分的机会，实践运用已有的讲述经验。

组织幼儿运用已有经验讲述的方式很多，基本上可以归纳为以下三种：

(1) 幼儿集体讲述。

这种方式虽然保持集体活动的状态，但是给每位幼儿围绕感知对象以充分自由发表个人见解的机会。

(2) 幼儿分小组讲述。

分小组讲述一般情况下每组四人，幼儿可有更多机会围绕同种感知对象轮流进行讲述。

这种形式具有一定的直接交流的性质，能保证每位幼儿均有讲述的机会。

(3) 幼儿个别交流讲述。

个别交流讲述常常是幼儿一对一地进行讲述。

教师在指导幼儿运用已有经验进行讲述时，需要注意两点：

(1) 在幼儿自由讲述前，交代清楚讲述的要求，提醒幼儿要围绕感知、理解的对象进行讲述。

(2) 在幼儿自由讲述的过程中，注意倾听幼儿的讲述内容，发现幼儿讲述中的"闪光点"以及存在的问题。

三、引进新的讲述经验的方式

经过上一阶段"开放性"的讲述之后，教师应将活动导入"收"的程序，为幼儿引进新的讲述经验。

新的讲述经验是每次讲述活动的学习重点。在制订活动目标时，教师应考虑上次活动的重点、解决的问题、达到目标的情况，以便在此基础上向幼儿提供新的讲述经验。新的讲述经验主要是指讲述的思路和讲述的方式。

1. 引进新的讲述经验的方式

引进新的讲述经验的方式是多种多样的，归纳起来有以下几种。

(1) 教师示范新的讲述经验：教师在幼儿自己讲述的基础上，提出一种新的讲述思路，就同一讲述对象发表个人见解。

(2) 教师通过提示引进新的讲述经验：在有些活动中，教师可以用提问、插话的方法引导幼儿的讲述思路，为他们导入新的讲述经验。

(3) 教师与幼儿一起讨论新的讲述思路：教师可从分析某一位幼儿的讲述内容入手，与幼儿一起归纳新的讲述思路。

2. 指导要点

(1) 教师要面向全体，具体指导。

教师应面向全班幼儿，根据不同的对象分别提出不同的要求，使不同水平的幼儿通过讲述活动，语言都能在原有水平上得到切实的提高。

(2) 重点训练讲述思路。

讲述能够训练幼儿思维的逻辑性和语言的准确性，教师要指导幼儿依据图片提供的条件或线索进行思考、讲述，抓住重点，不遗漏重大内容。

(3) 重点训练讲述的全面性。

包括人物、地点、时间、事件、结果。

(4) 重点训练讲述的方法。

① 重点内容要多讲。观察、感知、理解讲述对象的哪些部分是重点内容，重点内容要多讲述；哪些内容是次要部分，可以少讲或不讲。因其对幼儿分析概括等思维能力的要求较高，故多在中班后期开展。

② 按顺序讲述。讲述时要按照从上到下、从左到右、从大到小、从近到远、从表面到本质等的顺序进行，引导幼儿有条理、清楚地表达。

(5) 帮助幼儿用词组句，训练幼儿连贯地说话。

(6) 根据表达的需要，训练幼儿理解和运用新词。

四、巩固和迁移新的讲述经验

讲述活动中，仅仅引进新的讲述经验是不够的，还需要给幼儿提供实际操练新经验的机会，以利于他们更好地获得这些经验。因此，讲述活动的最后一个步骤是巩固迁移新的讲述经验。

1. 由 A 及 B

在幼儿学习了一种新的讲述经验后，教师应及时提供同类不同内容的练习机会，让幼儿重新以讲述 A 的思路去讲述 B，迁移新经验，起到运用和巩固的作用。

2. 由 A 及 A

在教师示范新讲述经验并帮助其理清思路后，让幼儿尝试用新的讲述方式来讲同一件事、同一情景。但要注意引导幼儿尽可能避免单纯重复和绝对模仿别人的话。

3. 由 A 及 A_1

教师在原讲述内容的基础上，应提供一个扩展和延伸原内容的机会。比如拼图讲述《城市里的交通工具》时，在教师示范新的拼图添画和讲述经验之后，进一步要求幼儿自己拼图添画，然后讲述城市里的某一种交通工具。

总之，在以上四个步骤的讲述活动过程中，有一个内在的完整的组织程序，前一个步骤为后一个步骤奠定基础，后一个步骤的学习操练、迁移、巩固和发展了前一个步骤的经验，在滚雪球式前进的过程中，使幼儿讲述的能力不断发展。

（上） （下）

讲述活动的设计

五、组织指导讲述活动的注意事项

1. 讲述对象的选择与呈现要恰当

1) 选择

看图讲述的图片选择要从幼儿身心发展的角度考虑，主要人物或物体要形象鲜明，背景简单，结构布局匀称，情节一目了然，篇幅要大，要让每个幼儿都能清楚地感知；图片颜色鲜艳、形象可爱，有艺术性、动作性强、情节生动有趣、儿童化，同时是幼儿熟悉且感兴趣的。

2) 呈现

除图片、绘本、实物的常规呈现外，还可利用现代技术使静止的画面动起来。

向幼儿提供各种构图材料，如积塑玩具、磁铁、七巧板、橡皮泥、线、圈、绳等可操作的材料，引导其根据讲述主题进行自由构思，拼、摆、粘贴、画出各种画面或造型，并就构思设计、操作过程、结果、操作时伴随的情感体验、自我评价等方面进行讲述。

2. 组织方法的运用要恰当

在设计组织讲述活动时，对于选择何种组织方法，既要考虑讲述类型的特点，又要考虑幼儿的年龄特点和实际语言水平，灵活地加以运用。

议论性讲述多用示范模仿法；描述性和说明性讲述多用提供讲述提纲的方法；看图讲述和实物讲述多用示范、提问、集体讲述、分组讲述等多种方法。

以看图讲述为例，可以按照一般的方法引导幼儿进行讲述（即逐幅出示图片，按顺序进行讲述）；也可以根据不同的活动目标和内容，在实际活动过程中调整组织形式，一般讲述与换位讲述结合、一般讲述形式与其他讲述形式相结合，特别是带有一定故事情节的多幅画面，可以在开始时出现全部图片，使幼儿对画面有一个概括的印象，然后逐幅仔细观察，也可以将有关联、有对比性的几幅图片组合、分步、交替出现，这样有利于幼儿围绕一个中心观察画面，继而讲清楚图意。

几种活动形式交替使用能激发幼儿参与活动的积极主动性，利于其保持兴趣、集中注意力。

3. 问题设计要符合幼儿的年龄特点

(1) 提问要紧扣内容，简单明了，激发幼儿的兴趣。

(2) 提问要直接、具体、指向性明确。

看图讲述活动在呈现图片后，可以直接提问，如提指向性明确、具体描述性的问题，用最短的时间吸引幼儿注意，获取画面提供的显性信息，为讲述活动的顺利进行做好准备，使幼儿在观察图片时有比较明确的目标，能抓住主题线索展开积极思考。

(3) 提问要有顺序。

提问的顺序有其内在逻辑。教师要根据画面景物的远近、人物出现的前后、事件发生的先后来确定提问的顺序，引导幼儿有目的地感知观察及表达。一般来说，提问的顺序是从整体到局部，从主要情节到次要情节，从具体到抽象。一个问题与另一个问题之间是相互联系的，下一个问题是上一个问题的发展，每个问题都具有承上启下的作用。通过有顺序的提问，使幼儿学会按照一定的线索把握事件发生的走向，培养其逻辑思维能力和条理清楚的口语表达能力。

(4) 提问要有开放性和挑战性。

通过具有开放性、挑战性的提问（即前面我们在文学作品活动中讲到的三层次提问中的思考性问题，尤其是假设性问题），拓展幼儿的思维空间，引起幼儿积极地思考和探索，尝试去读懂图片的话外之意，促进想象力的发展。幼儿观察图片一般比较粗略，容易只看到外部明显的动作表情，而对内在联系注意不够，这样就会影响对内容的表达讲述。而开放性问题可以促进幼儿仔细观察、深入思考。

(5) 不同年龄提问的要求不同。

对小班的提问要明确具体。多提描述性问题，如"有什么？""是什么？""干什么？"等，幼儿看了图片就能回答。小问题要一个一个地问，启发幼儿讲述图中的人和事的名称、主要特征、动态等。

对中班幼儿要逐渐增加意在要求其对图片内容进行简单描述的提问，如"什么样？""怎么做？"等思考性问题，帮助幼儿厘清人物及事物之间的关系，鼓励幼儿使用不同的语词描述同样的人和事。

对于大班的幼儿可以提连续性问题，或者设计一些较为概括的问题(如"为什么？""说明了什么？"等思考性问题)和开放性问题(如"假如是你会怎样做？""你认为接下来会怎么样？""你猜""你想"等与图片内容有必然联系但在图片上却没有明确呈现的假设性问题)。

注意，所有问题的设计都是引导幼儿更好地进行讲述，是为幼儿讲述预设的问题，在教学过程中要根据幼儿的现场反应灵活机动地进行调整。

（上）　　　　（下）　　　　　　　　（上）　　　　（下）
讲述活动的实施　　　　　　　　　　讲述活动的评价

【本章思考练习】

1. 幼儿讲述活动的特点是什么？
2. 如何进行讲述活动的设计并组织活动？
3. 观摩幼儿园讲述活动。
4. 模拟讲述教学。

第九章　听　说　游　戏

【思维导图】

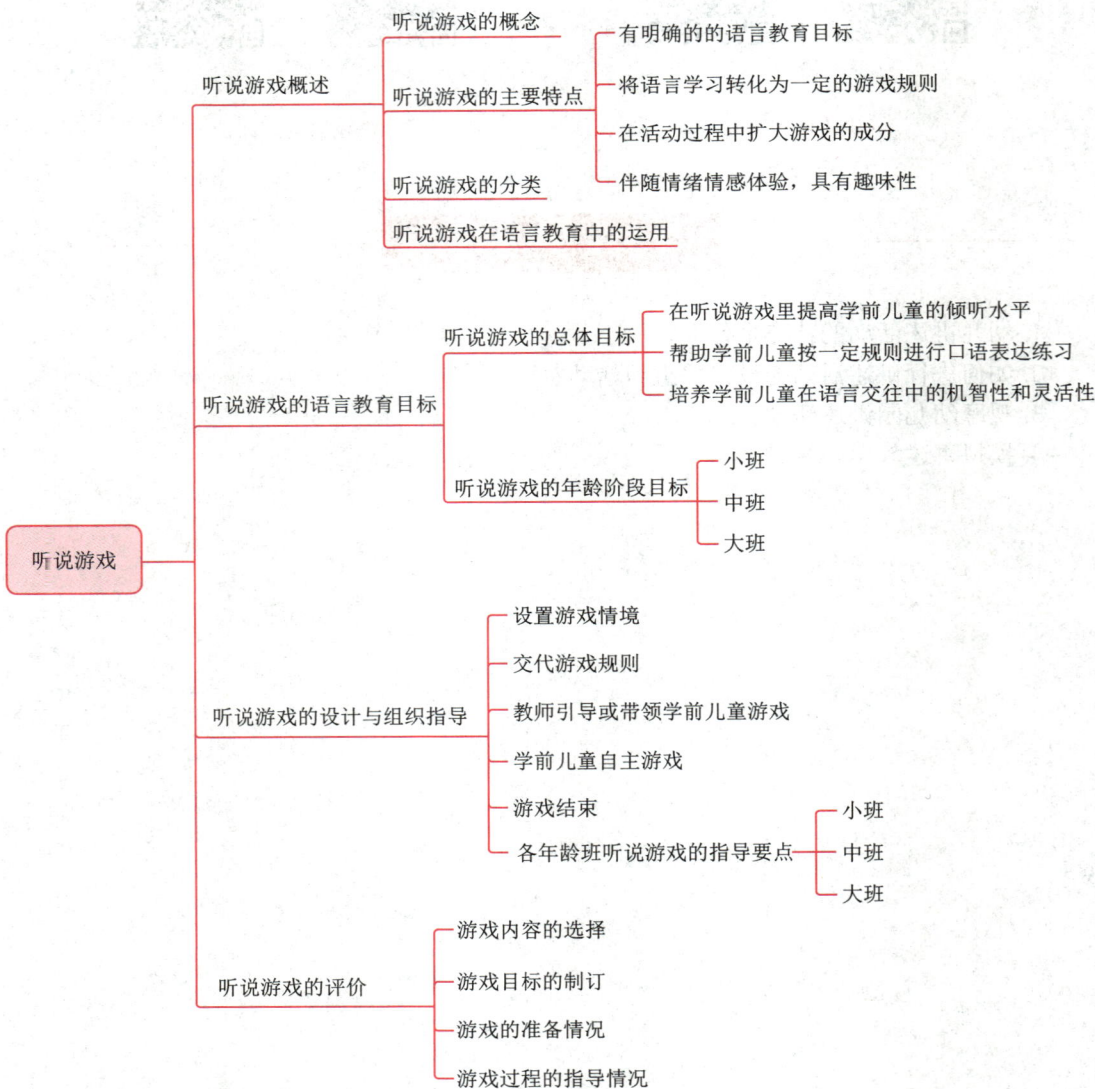

听说游戏

- 听说游戏概述
  - 听说游戏的概念
  - 听说游戏的主要特点
    - 有明确的的语言教育目标
    - 将语言学习转化为一定的游戏规则
    - 在活动过程中扩大游戏的成分
    - 伴随情绪情感体验，具有趣味性
  - 听说游戏的分类
  - 听说游戏在语言教育中的运用
- 听说游戏的语言教育目标
  - 听说游戏的总体目标
    - 在听说游戏里提高学前儿童的倾听水平
    - 帮助学前儿童按一定规则进行口语表达练习
    - 培养学前儿童在语言交往中的机智性和灵活性
  - 听说游戏的年龄阶段目标
    - 小班
    - 中班
    - 大班
- 听说游戏的设计与组织指导
  - 设置游戏情境
  - 交代游戏规则
  - 教师引导或带领学前儿童游戏
  - 学前儿童自主游戏
  - 游戏结束
  - 各年龄班听说游戏的指导要点
    - 小班
    - 中班
    - 大班
- 听说游戏的评价
  - 游戏内容的选择
  - 游戏目标的制订
  - 游戏的准备情况
  - 游戏过程的指导情况

本章主要介绍了幼儿园语言教育中听说游戏活动的基本概念、特点、活动目标及其设计、组织的基本方法。通过本章的学习，学习者应了解听说游戏的基本内涵，把握幼儿园听说游戏活动的主要特点；明确听说游戏活动的语言教育目标；掌握听说游戏活动设计和组织的基本思路和指导要点。

第一节　听说游戏概述

一、听说游戏的概念

一说到语言教育领域的游戏，人们马上会联想到"语言游戏"，但是在教育心理学界，"语言游戏"实际上有其特指的相对固定的含义，是指儿童在语言发展过程中自发地玩弄和操练语音、语词的一种现象。语言游戏带有明显的自发言语的特点，有玩弄和操练口语的性质，并且是无意义的、非具体指向性的语言活动，这种语言现象很大程度上带有自娱的意味。比如几个月的小婴儿无意识地玩弄双唇，吹气冲击嘴唇，发出"噗、噗"的爆破音，乐此不疲。

语言教学中进行的游戏实际上是一种教学游戏，由教师设计，有规则、有玩法，服务于教学主题，寓教于乐，属于规则游戏的一种。而规则游戏包括我们熟悉的智力游戏、音乐游戏、体育游戏、听说游戏等等。语言教学游戏包括教师为服务、深化主题目标而设计的以游戏形式来活跃课堂氛围、增加活动趣味性、激发学前儿童参与兴趣的教学游戏，比如故事教学中让学前儿童玩角色扮演游戏，促进其对故事情节、角色的理解；语言教学游戏还包括专门训练特定语言功能的听说游戏。

听说游戏是在教师组织指导下以听说训练发展语言为主要目的一种有规则的游戏，具有活动和游戏的双重性质。

"听"就是在游戏过程中培养学前儿童的倾听能力，包括有意识的、集中注意力的倾听，辨析性倾听，分辨不同内容的倾听，理解性倾听，掌握倾听的主要内容并连接上下文意思的倾听等。

"说"指在游戏中让学前儿童学习积极恰当的口语表达，从语音、语义、语法和语用技能四个方面掌握语言的口语表达功能。

二、听说游戏的主要特点

听说游戏兼具教学和游戏双重属性，以游戏的形式行教育之实质，具有如下特点。

(1) 有明确的语言教育目标。

每一个听说游戏都包含对学前儿童语言学习的具体要求，听说游戏包含的语言教育目标有一定的特殊之处。

① 听说游戏包含的语言教育目标有具体的特点。

一般而言，听说游戏对学前儿童提出的语言学习的要求非常具体，甚至给人单一和细微的感觉。例如，小班学前儿童"g""k""h"不分，教师选择"买图片"的语言教学游戏，就是为了帮助小班学前儿童学习正确的发音，实现具体、特定、指向性特别明确的教学目标。

② 听说游戏包含的语言教育目标具有练习的特点。

在游戏中学前儿童要通过多种形式的活动反复练习语音、语词、语句，不断操弄语言。

③ 听说游戏包含的语言教育目标具有含蓄的特点。

听和说的目标隐藏在游戏规则和玩法当中。

(2) 将语言学习的重点内容转化为一定的游戏规则。

游戏规则是对游戏中被允许的和被禁止的某些特定活动的规定。凡是听说游戏，都带有一定的游戏规则。听说游戏中的规则并不是凭空制订的，而是教师在设计听说游戏时，根据具体的语言教育目标和学前儿童当下的语言发展水平特点而选择的适当的语言学习内容，将本次活动的语言学习重点转化为一定的游戏规则。

例如，在小班"买图片"游戏中，规定学前儿童必须正确说出自己要买的图片名称才能买到图片，如发音不正确，则要请其他小朋友帮助，重新正确发音后再得到图片。

(3) 在活动过程中逐步扩大游戏的成分。

幼儿园听说游戏的活动兼有教学活动和游戏的双重性质，从活动组织形式上看，具有从教学活动入手、逐步扩大游戏成分的特征。听说游戏以活动的方式进入，而最后以游戏的方式结束，老师的主导作用在开始时体现得十分鲜明，而后随着学前儿童熟悉程度的提高而逐渐减弱，直至学前儿童完全自主地进行游戏。

听说游戏中由活动逐渐向游戏过渡，逐渐扩大游戏成分的过程中存在着以下三种转换：

① 由外部控制向内部控制转换。

② 由真实情境向假想情境转换。

③ 由外部动机向内部动机转换。

学前儿童能否将外部动机转化为内部动机，很大程度上取决于这个听说游戏是否真正具有游戏的特点，是否真正对学前儿童产生强大的吸引力，学前儿童自己能否真正地玩儿起来。

(4) 必须伴随积极愉快的情绪情感体验，具有鲜明的趣味性。

愉悦性是游戏的基本特征。听说游戏是为了更好地进行教学所设计的游戏，本质上是将教学"伪装"成游戏，其吸引学前儿童积极参与的原动力就是游戏本身给学前儿童带来的愉悦性体验，有趣、好玩、快乐是听说游戏或语言教学游戏的生命力所在。听说游戏需具有以下愉悦性：

① 有趣的游戏名称。

② 有趣的故事情境。

③ 学前儿童熟悉和喜欢的角色。

④ 简单有趣的情节。

⑤ 形象生动、好玩的游戏材料。

⑥ 伴随游戏过程始终的积极情感体验。

语言教学游戏的特点

三、听说游戏的分类

听说游戏是以培养学前儿童倾听和表达能力为主要目标的寓教于乐的教育活动，之所以称之为"听说游戏"，是因为其中一种是以"听"为主的游戏，另一种是以"说"为主的游戏。依据语言教学游戏对学前儿童语言发展的主要作用，可以将语言教学游戏分为以下不同类型。

1. 语音游戏

语音游戏是以练习正确的发音和提高辨音能力为目的的游戏，又可划分为听音、辨音游戏和练习发音游戏。如绕口令、拍手歌、颠倒歌等。

1) 听音、辨音游戏

该游戏需听清楚、听准确，感受和辨析相近语音的细微差别。

【例9-1】帮妈妈买东西(小班)

游戏目的：能分辨相似的字音 j、q、x，并按指令做事；发展学前儿童的注意力和记忆力。

游戏准备：游戏前将活动室的一角布置成娃娃家，一角布置成商场；商场内放有小鸡、小旗、小溪等卡片若干张。

游戏玩法：教师扮演妈妈，学前儿童扮演孩子。妈妈说："孩子，妈妈请你去商场买几样东西。听好了，去买三张小旗卡片、两张小鸡卡片，记住了吗？"孩子根据指令去商场购物。购物完毕回到妈妈身边，妈妈检查是否完成任务。如拿错，妈妈可以重复一次指令，让孩子重新买一次。

游戏规则：必须按妈妈要求买东西；指令只说一次，如买错也只有一次改正机会；旁观儿童不可提醒。

2) 练习发音游戏

学前儿童发音不准主要有两个原因：一是发音系统发育尚未完成，有生理构造或功能缺陷；二是受当地方言的影响。

(1) 重点练习学前儿童感到发音困难或容易发错的语音。

(2) 针对方言干扰音的练习、声调的练习、发声用气的练习。

注意每次练习的语音不要过多，难点不要过于集中，以免学前儿童产生畏难情绪和挫败感。

比如绕口令《顾爷爷打醋》，重点练习"顾""醋""布""兔"这四个字的发声，因其韵母都是"u"。

顾爷爷打**醋**

一位爷爷他姓**顾**，

上街打**醋**又买**布**。

出门看见鹰抓**兔**，

急忙放下**醋**和**布**，

翻山去追鹰和**兔**，

飞了鹰，跑了**兔**，

洒了**醋**，湿了**布**。

【例 9-2】《捉蜻蜓》(小班)

游戏目的：

(1) 能正确发出"天""灵""捉""蜻蜓"等字音。

(2) 训练快速反应能力。

(3) 体会游戏的快乐情感，享受游戏的过程。

游戏准备：

(1) 飞舞的蜻蜓教具一个。

(2) 儿歌《捉蜻蜓》：天灵灵，地灵灵，满天满地捉蜻蜓。捉蜻蜓，捉蜻蜓，捉到一只小蜻蜓。

游戏玩法：

一个儿童扮演渔网，手掌伸平，掌心向下；其余儿童扮演蜻蜓，食指触碰"渔网"。教师边念儿歌，边抖动飞舞的蜻蜓，儿歌念完，扮演渔网的儿童手掌迅速握紧，扮演蜻蜓的儿童手指迅速缩回，来不及缩回手掌被捉住的儿童接下来扮演渔网继续游戏。

游戏规则：

(1) 扮演蜻蜓的儿童必须食指碰到"渔网"，即手掌。

(2) 若同时抓住几位儿童，可请一位儿童作为代表；若一位儿童也没有捉住，游戏继续进行。

(3) 提醒儿童念准儿歌的字音。

2. 词汇游戏

词汇游戏是以丰富词汇和正确运用词汇为目的的游戏。3 岁前应以丰富名词、动词为主；小班应重视动词的丰富和运用；中、大班在丰富各种词汇的同时，应注重提高词汇的运月能力。

语词接龙(顶针)游戏：太阳——阳光——光线——线头——头尾——尾巴……

组词游戏：给"花"找朋友——浇花、红花、花朵、开花……

说相反：笑——哭；胖——瘦；高——矮；多——少；轻——重；左——右；上——下；大——小……

3. 句子游戏

句子游戏是运用各种句式、句型训练幼儿按语法规则正确组词成句的游戏。

【例 9-3】 快乐造句(大班)

游戏目的： 引导学前儿童学说"谁在什么地方干什么"的句式，培养儿童的语言表达能力。

游戏准备： 各种人物、小动物的形象图片，各种场景图片。

游戏玩法： 教师运用部分人物、动物以及场景图片组成一组画面，请儿童用"谁在什么地方干什么"的句式进行表述，鼓励儿童用优美的语言、肢体动作描述出各个场景。

游戏规则： 儿童造句要准确恰当，肢体动作要与说出的句子一致。当一名儿童回答问题时，其他儿童不可以进行动作和语言提示。当一名儿童说完以后，可请全体儿童进行肢体动作的模仿，增加趣味性。

4. 描述性游戏

描述性游戏主要是以训练用简单、生动、形象的语言描述事物特征，发展连贯性语言为目的的游戏，它能促进儿童形成对事物正确的理解和认识。它是一种比较综合、较高级的语言训练游戏，宜在中、大班进行。

要求儿童仿照语言结构，按照一定结构组织语言，描述不同事物之间的关系，既发展了儿童连贯性、独白性讲述的口语表达能力，又发展了在不同事物之间建立联系的思维能力。

【例 9-4】 猜猜他是谁（大班）

游戏目的：通过描述同伴的特征，发展儿童观察力、记忆力和连贯语言表达能力，培养儿童良好的倾听习惯。

游戏准备：儿童围成圆圈在小椅子上坐好。

游戏玩法：游戏开始时，每名儿童选定一名观察对象，记住他的性别、高矮、发型、衣着特征，然后面向全体儿童描述该儿童的特征，其他儿童根据该儿童的描述找出其描述对象。第一个猜对者，可以接着做游戏。

游戏规则：不允许边看边描述；不允许说出该儿童姓名。

5. 综合性听说游戏

综合性听说游戏中听和说的功能划分不明显，和动作乃至人的整体反应高度融合杂糅在一起，在听说的基础上更注重耳、眼、口、手、脑、动作反应的协调一致，追求整体反应上的敏捷性、灵活性、准确性，其魅力在于对儿童极富挑战性和刺激性。

例如大班的《拍手歌》，不但要求儿童能准确发出每一拍的语音，而且要和拍手动作结合，按照一定的节奏手口一致协调反应。教师可以有意识地带节奏，提高游戏难度，儿童最终会手忙脚乱，口、手不能相顾而结束游戏。但是每次玩的过程富有挑战，儿童的能力都会有所提升。因其难度大，对儿童思维认知发展的要求高，一般在中、大班进行。

6. 故事表演游戏

故事表演游戏主要是教师组织的，以帮助儿童理解、使用文学语言，发展儿童在人前自然、大方说话为主要目的的游戏。不同于创造性游戏当中的表演游戏，这不是儿童自发自娱的，而是教师创编的、有明确的教育目标的活动。故事表演游戏将知识的传授与娱乐、游戏相结合，引导儿童主动探索，获得有关经验，使儿童自我感觉成为活动的主人，有利于激发其积极性和主动性，保持较高的主体状态。

【例 9-5】 三只蝴蝶（中班）

游戏目标：帮助儿童通过对话、动作、表情等再现文学作品，理解其内容。

游戏准备：红、黄、蓝三色蝴蝶（头饰）各一只，太阳公公、各色花朵头饰或图片。

游戏玩法：游戏开始时，教师领诵《三只蝴蝶》第一段，三名儿童戴着头饰或背着蝴蝶翅膀扮演三只蝴蝶在花园里快乐地玩耍，当教师朗诵到"下雨时"转变为惊慌着急的状态。其他角色如太阳公公可由其他儿童扮演。一段表演结束，表演者做出造型，定格，下一段开始。教师可以根据儿童表演情况决定是否重复之前的表演段落，其他儿童也可随同朗诵。

游戏规则：这个游戏是全班性的，每名儿童都可扮演一定角色，因此教师的指导难度较大。教师必须巧妙地控制表演进程，既要使儿童愉快地进入游戏角色，又要防止失控的场面发生。

四、听说游戏在语言教育中的运用

(1) 听说游戏既可作为一种专门的语言教育活动以集体、小组、个别的方式独立运用，也可作为语言教育集体教学组织形式的一部分用在各个环节，发挥辅助、补充、调节作用。

① 用在导入环节，可以起到激发兴趣、导出教学内容或主题的作用。

② 用在基本过程部分可以起到复习巩固、加强练习的作用，以游戏的形式使活动更加丰富多彩、生动有趣。为避免多次重复练习带来的单调枯燥感和厌烦情绪，可以靠教学游戏的愉悦性、趣味性特色激发乃至维持儿童参与活动的积极性。

③ 用在结束和延伸的部分，营造整个活动的高潮状态，使儿童对活动兴趣盎然、回味无穷，保留继续参与类似活动的兴趣。

(2) 听说游戏是家庭、亲子语言教育的良好形式。

第二节 听说游戏的语言教育目标

一、听说游戏的总体目标

(1) 在听说游戏中提高学前儿童积极倾听的水平。

听说游戏为儿童提供的是一种不同于其他语言学习的场合，儿童在参与学习时具有更多的主动性和自主性，因而有利于他们积极倾听水平的提高。教师在思考听说游戏的目标时，应对儿童提出以下几方面要求：

① 听懂教师的讲解，理解游戏的规则。

② 听懂游戏的指令，把握游戏的进程。

③ 准确把握和传递有细微区别的信息，提高倾听的精确程度。

(2) 帮助学前儿童按一定规则进行口语表达练习。

由于听说游戏的特殊性质，这类活动可以帮助儿童按一定规则进行口语表达练习。这里所说的一定规则，主要是指按照语言的规范制订的游戏规则。听说游戏按照一定规则进行的口语练习，主要包括三个方面的子目标。

① 复习巩固发音。

教师可以根据儿童语言学习的四种特别需要来组织活动：难发音的练习；方言干扰音的练习；声调的练习；发声用气的练习。

② 扩展练习词汇。

听说游戏应着重引导儿童积累以下两方面的词汇学习经验：一是同类词扩词的经验；二是不同类词搭配的经验。

③ 尝试运用句型。

(3) 培养学前儿童在语言交往中的机智性和灵活性。

作为特殊的语言交往场合，听说游戏对儿童运用语言与人交际有一种特别的挑战，使儿童机智灵活地使用语言的能力得到较好的锻炼。因此，在听说游戏活动中培养儿童语言的机智性和灵活性，是教师在设计组织这类活动时应考虑的一项目标。

对儿童在听说游戏中提高语言交往的机智性、灵活性的培养，从根本上说，是提高儿童在语言交往过程中反应敏捷的能力，可以着重从以下几点考虑：

① 迅速领悟游戏语言规则的能力。

② 迅速调动个人已有语言经验编码的能力。

③ 迅速以符合规则要求的方式表达的能力。

二、听说游戏的年龄阶段目标

1. 小班

(1) 乐于参与游戏活动，在游戏中大胆地说话。

(2) 发准某些难发的音，初步掌握方位词及人称代词，学习正确应用动词。

(3) 能听懂并理解较简单的语言游戏规则，在游戏中尝试按照规则使用简单句说话。

(4) 养成在集体活动当中倾听别人讲话的习惯。

2. 中班

(1) 在游戏中巩固练习发音，正确运用代词、方位词、副词、动词、连词和介词。

(2) 能说简单而完整的合成句。

(3) 能听懂并理解多重游戏规则。

(4) 能较为迅速地领悟游戏中的语言规则，并能做出相应的反应。

3. 大班

(1) 能正确运用反义词、量词、连词，并能说出完整的合成句。

(2) 养成积极倾听的习惯，迅速把握和理解游戏中较为复杂的多重指令。

(3) 不断提高倾听的准确度，精准掌握和传递有细微差别的信息。

(4) 在游戏中按照规则调动个人已有的语言经验，迅速进行语言表达。

语言教学游戏的作用

第三节 听说游戏的设计与组织指导

一个完整的语言教学游戏一般包括游戏目标、游戏准备、游戏玩法、游戏规则四个部分，趣味性一般体现在游戏玩法中。语言教学游戏可以作为教学活动的一个环节，也可以作为一个单独完整的教育活动，还可以在学前儿童掌握游戏的玩法和规则之后在活动区自发进行。当我们把它作为一个新授的、完整的教学活动来组织时，其过程一般包括四个环节。

一、设置游戏情境

在听说游戏刚刚开始时，教师需要调动一些手段去设置游戏的情境。这一活动步骤的主要目的在于向学前儿童展示听说游戏的氛围，引发学前儿童参与游戏的兴趣。

创设游戏的情境，一般可采用以下几种方法进行：

(1) 用物品创设游戏情境。

(2) 用动作创设游戏情境。

(3) 用语言创设游戏情境。

(4) 综合运用多种方式。

注意，创设游戏情境环节毕竟是游戏的准备环节、导入环节，不是游戏过程的主体，所以时间不能太长，以免喧宾夺主，也不能过于花里胡哨，分散儿童的注意力。

二、交代游戏规则

在创设游戏情境之后，教师要向儿童交代游戏规则。这一步骤实际上是教师对儿童布置任务、讲解要求的过程。教师可以通过语言解释和动作示范相结合的方式，告诉儿童游戏的基本规则、步骤和要求。

教师在交代游戏规则时，有必要注意以下几点：

(1) 用简洁明了的语言讲解。

(2) 讲清楚听说游戏的规则要点和游戏的开展顺序。

(3) 用较慢的语速进行讲解和示范。

教师在交代游戏规则时使用的语言应当是相对减慢速度的语言，尤其是针对游戏规则细节的解释，教师的语言带有讲解和示范的双重性质，要帮助所有儿童理解规则，故而要放慢速度，强调重点，保证儿童能听清楚、听懂。

三、教师引导或带领学前儿童游戏

交代游戏规则之后，在儿童已初步理解游戏规则的基础上，教师可以带领儿童开展听说游戏。这一步骤实质上由教师进一步示范游戏到底怎样玩，是儿童自主游戏开始之前的一个理解并熟悉玩法和规则，尝试进行游戏的预备、演练过程，教学活动的特征明显。

教师在此刻的游戏中充当重要的角色，可以主宰游戏的进程。儿童此时参与活动的方式有两种：一种是部分地参与游戏，即一部分儿童参加到游戏活动中，实行轮换，以便另一部分儿童有观察熟悉的机会；另一种方式是全体儿童参加游戏的一部分活动，待儿童熟悉掌握游戏后再完全参加游戏。

四、学前儿童自主游戏

通过上述三个步骤的活动，儿童已打下了良好的独自开展听说游戏的基础，因而可以在准备十分充分的情况下进入儿童自主游戏阶段。

在此阶段，教师可以放手让儿童自己开展活动。此时，教师已从游戏领导者的身份退出，处于旁观者的地位，以间接指导（控制）为主，不要过多地限制和束缚儿童，允许儿童出错，更不要发出指令要求，直接控制儿童行为，同时教师要细心观察儿童的行为。

(1) 观察游戏，随时准备提供帮助。

① 了解儿童对游戏玩法、规则的掌握和目标的完成情况，督促儿童遵守游戏规则。

② 及时发现问题，提供适时的帮助。

(2) 关注个体，及时指导。

教师在观察基础上针对儿童个体的游戏水平和个性特点，采取有针对性的指导方式因材施教，使每个儿童在原有水平基础之上都得到切实的发展。

五、游戏结束

采用教师评价、儿童自评与互评等方式进行评价总结，促使儿童以后能更积极主动地参与游戏。

对于小班学前儿童，教师可用游戏的口吻，以游戏者的身份对儿童在游戏中的表现进行评价。表扬鼓励好的表现，使之好上加好；对不满意的行为委婉地进行批评教育，使儿童明确今后的努力方向。

对于中、大班学前儿童，一般以儿童自评和互评为主。评价时可以发动儿童进行讨论，通过争执、讨论提高儿童对语言的理解能力、分辨能力，发展其口语表达能力。

（上）　　　　（下）　　　　　　　　（上）　　　　（下）

语言教学游戏的设计　　　　　　　　语言教学游戏的实施

六、各年龄班听说游戏的指导要点

1. 小班

1) 小班学前儿童语言发展特点

(1) 小班学前儿童词汇量缺乏，概念不清，在表达时会受限制；对语词、语句的记忆范围较小，影响对语义的接受效果。

(2) 处于语言发展的关键期，对语言的接受和理解能力发展较快。

(3) 此时的学前儿童处于词汇量快速增长期，其中掌握的名词、动词等词汇占多数，并开始掌握一些日常生活中经常出现的、表示事物具体形状和品质的形容词(如大、小、软、硬、长、短、高、矮等)，其他简单的副词(如又、都、不等)、代词(如你、我等)、介词(如在、到等)、助词(如的、吗、呢等)已开始使用，并懂得一定数量的反义词。

(4) 言语活动不能脱离眼前的具体情境和自身动作，而且语言连贯性差，经常会将句子颠倒或说出一些不完整的句子。

2) 听说游戏指导要点

(1) 以听辨音、发音、正音和丰富词汇游戏为主。

(2) 教师直接参加游戏，担任重要游戏角色。这样既可为学前儿童示范、提供模仿对象，又可以调控游戏，把握游戏进程，实现游戏目的。

2. 中班

1) 学前儿童语言发展特点

中班学前儿童发音器官已经发育完善，能正确、清楚地发音，口齿流利。此时掌握的词汇的增长速度更快，在已掌握的词汇中仍然以名词、动词、形容词为主，对词义的理解较小班更深刻全面。对一些抽象名词比如"昨天""明天"等还容易混淆，对量词和数词的掌握仍有一定困难。能按照基本的语法来组织句子表述自己的见闻，且语言的连贯性有了初步发展，但只能断断续续地叙述一些事物的片段。

2) 听说游戏指导要点

以丰富词汇、会说完整句子和提高表达能力为游戏的主要目的，以词汇游戏、句子游戏、描述性游戏为主。在学前儿童掌握了游戏的玩法和规则后，教师一般作为观察者、环境材料的提供者进行间接指导和调控。

3. 大班

1) 学前儿童语言发展特点

不仅能正确发音，而且能按照语言意思来调节自己的音调。掌握的词汇不仅在数量和种类上有所增加，而且对词义的理解也较为深刻，开始能掌握一些抽象概括的词，用一些连词、副词来表达事物的因果、假设、并列、递进、转折、条件等逻辑关系。能运用简单的复合句比较系统地叙述自己的见闻，开始从叙述静态的事物过渡到叙述事物的变化过程，语言的连贯性有了较好的发展与体现。

2) 听说游戏指导要点

大班学前儿童词汇相对比较丰富，可以说完整的句子，口语表达能力逐步提高。因此，在听说游戏中要求学前儿童能自觉遵守游戏规则，教育目的以语用技能训练为主。为此，教师要创设能激发学前儿童口语表达的环境，通过鼓励、建议等方式让学前儿童在游戏中大胆表达、想象和创编，从而发展其语用技能。

第四节　听说游戏的评价

听说游戏的设计、组织实施是否成功可以从以下几个方面进行评价：

一、游戏内容的选择

(1) 是否符合学前儿童的生活经验和接受水平。

(2) 是否适合学前儿童在游戏中倾听和练习表达口语。

(3) 是否有利于学前儿童在原有语言经验 (发音、运用词汇、掌握句型等) 的基础上习得新的语言经验。

二、游戏目标的制订

(1) 游戏目标的确定是否恰当，是否从知识、能力、情感和态度三个维度或层面提出具体的可执行、可操作的目标。

(2) 游戏内容的范围是否符合学前儿童的言语、已有知识经验，能否切实培养学前儿童的语言听说能力。

(3) 各目标的表述是否具体、明确、简洁。

三、游戏的准备情况

(1) 游戏准备活动是否周全。

(2) 是否创设了学前儿童喜欢的游戏情境。

(3) 是否准备了能激发学前儿童积极参与游戏的材料道具。

四、游戏过程的指导情况

(1) 各环节的设计能否为实现目标服务。

(2) 能否做到循序渐进、环环相扣。

(3) 能否突出重点、突破难点。

(4) 能否自然地引出活动主题，巧妙地激发学前儿童参与游戏活动。

(5) 能否依据学前儿童游戏特点采取有效的游戏策略，灵活机动地指导游戏。

(6) 能否面向全体，使所有学前儿童都参加到游戏中。

语言教学游戏的评价

【本章思考练习】

1. 如何设计和组织听说游戏？

2. 听说游戏的语言教育目标是什么？

3. 听说游戏的分类有哪些？

4. 听说游戏的特点有哪些？

5. 设计一个中班听说游戏。

第十章　早期阅读活动

【思维导图】

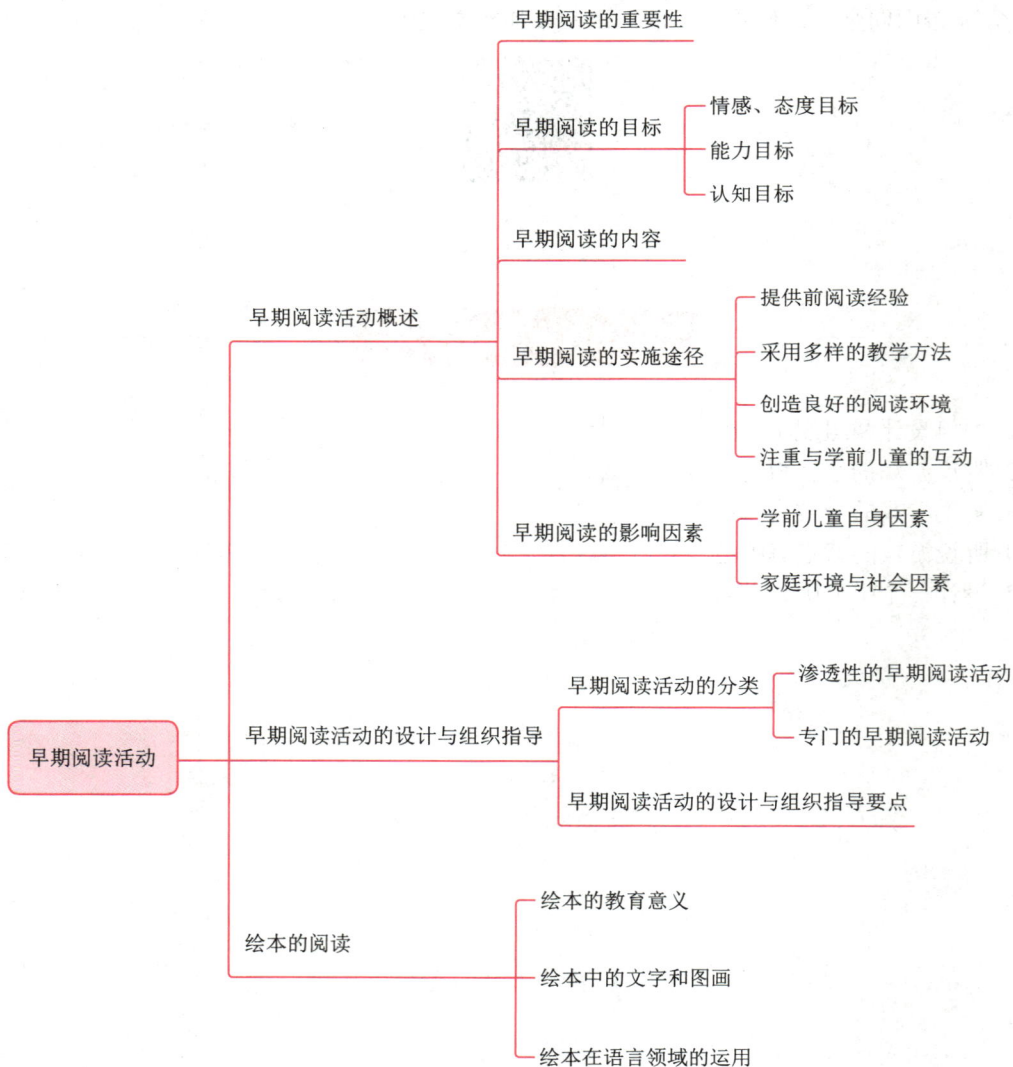

阅读活动是人类认识世界的一个重要手段。一个国家的个人阅读量反映了这个国家的国民素质和个人的人文素养。学前时期是培养个体的阅读兴趣和阅读习惯的关键时期。

第一节　早期阅读活动概述

阅读是从视觉材料中获取信息的过程。视觉材料主要有文字和图片，也包括符号、公式、图表、视频等。首先是通过视觉感知把视觉阅读材料变成声音，然后达到对视觉材料的理解。阅读是一种主动的过程，是由阅读者根据不同的目的加以调节控制的，可陶冶人们的情操、提升自我修养。阅读是一种理解、领悟、吸收、鉴赏、评价和探究的思维过程。

对于"早期阅读"，有学者认为，适当的早期阅读包括通过阅读从印刷品中获得意义，有足够频繁且深入的阅读机会，定期、经常面对拼写——语音关系，了解字母书写机制的本质以及理解口语单词的结构等。随着我国学者对早期阅读的深入研究，他们又对早期阅读的含义进行了扩展，认为早期阅读是儿童接触书面语言的形式和运用的机会，是儿童发展语言和元语言的能力的机会，是儿童掌握词汇构成和文字表征的机会，同时也是儿童发展学习读写的倾向态度的机会。

近年来，随着我国学前教育事业的发展，很多学者和机构开始致力于早期阅读的研究和推广，同时社会和家庭也开始关注早期阅读。但是不少形形色色的教学机构和个人借"早期阅读"之名推行"早期识字"，有些教师与家长因为缺乏相关的认识和专业知识，误将这种拔苗助长的教学活动认为是"赢在起跑线上"，使得这些对学前儿童无益甚至有害的教学教材、教学活动在幼儿园和家庭中泛滥。有学者呼吁人们走出误区，不要把早期阅读等同于早期识字，并且这一观点在学前教育界已经达成了普遍的共识。

早期阅读活动是学前儿童语言教育的形式之一，虽然目前对早期阅读的概念没有一个定论，但是从和谐发展的、立足于学前儿童特点的视角来看，我们可以这样界定它的范畴：早期阅读是以学前儿童身心特点为基础，渗透于学前儿童的语言学习中，借助于一些媒介（特别是纸媒）对学前儿童进行图画、影像、图标、符号、文字等的理解、表达，是培养阅读习惯，促进学前儿童由直观思维向抽象思维发展，培养学前儿童理解力、想象力、创造力的教育活动。早期阅读活动是培养阅读活动的渗透性阶段。

一、早期阅读的重要性

早期阅读的重要性主要体现在以下几个方面：
(1) 早期阅读有助于学前儿童语言能力的发展。
(2) 早期阅读能够促进学前儿童的身心发展与协调。
(3) 早期阅读有助于学前儿童的智力发展。
(4) 早期阅读可以预防学前儿童的阅读障碍。
(5) 早期阅读可以培养学前儿童的阅读兴趣，为上学后的正式、书面阅读奠定基础。

二、早期阅读的目标

阅读的最终目标是培养人的智力，发展个体的综合素质。早期阅读建立在口头语言的发展基础上，而它又是高级阅读活动的基础。因此，此阶段的每一个目标都是为后来的高级阅读活动而服务的。与其他领域的活动目标一样，早期阅读的目标包括情感、态度目标，能力目标和认知目标三个方面。

1. 情感、态度目标

情感、态度目标是培养学前儿童浓厚的阅读兴趣、良好的阅读习惯、自觉自愿的阅读态度，使其从阅读活动中获得有益于身心成长的正确的审美观、价值观、人生观等。这些情感、态度目标虽然是非智力因素，是隐藏在阅读活动中的，但也是影响阅读教育活动成败的重要因素。

早期阅读教育应当激发起学前儿童广泛而持久的阅读兴趣，以及对书面语言的求知欲。兴趣是一切学习的最佳动力，而受到这个动力的推动后产生的持久的、定型的阅读习惯才是早期阅读的最高目标。在这个过程中，学前儿童的自觉自愿是推动阅读习惯形成的有力动因，它是学前儿童主体意识发展的具体表现，是学前儿童以自己的感性和理性认识为依据形成自我判断的基础。至于从中获得正确的审美观、价值观、人生观等也是与阅读习惯的形成休戚相关的，因为这些情感目标的实现不是一朝一夕形成的，而是在长期的阅读活动中潜移默化形成的。

制订具体的情感态度目标时应该体现以下几个方面：

(1) 喜欢和父母、师长等一起阅读图书，感受阅读的乐趣。

(2) 能专注于看书，对书中的图文、符号等感兴趣。

(3) 喜欢并爱护图书。

(4) 喜欢朗读和背诵韵律感强的儿歌和童谣，感受语言节奏的变化和其中的韵味，甚至可以自编儿歌等。

(5) 喜欢讲述自己听过的故事。

(6) 能够从故事或者儿歌等的阅读活动中体会到其所传达的价值和观念，并且按照自己的方式去理解。

2. 能力目标

早期阅读最重要的目标就是使儿童掌握阅读的方法、具备阅读的能力，而不是识得具体的字词。在早期阅读中应着重培养学前儿童观察事物和认识事物的能力。对学前儿童来讲，从阅读中学习观察能力是培养学前儿童智力的重要途径。除此之外，早期阅读中还应培养和训练学前儿童的记忆力、想象力和创造力等思维能力。

在早期阅读活动中应当让学前儿童掌握的学习方法有很多，包括拿书、翻书、指读、浏览等，当然也需要学习阅读活动中的分析、归纳、总结等思维方式。学前儿童的阅读能力从整体上来讲，包括认读能力、理解能力、评价能力、记忆能力和创造能力等。

制订具体的能力目标时应该体现以下几个方面：

(1) 能够正着拿书并且逐页翻书，了解书的构成，包括封面、内容和封底。

(2) 能够掌握一定的观察顺序，有意识地按照从上到下、从左到右、从前到后的顺序观察图书。

(3) 尝试复述熟悉的书面语言内容，并且能辨识一些高频词汇。

(4) 能够观察出书中画面的内涵，比如以某个画面为依据猜测作品的主要内容。

(5) 能够把书中的图标、文字符号等与实际生活中的各类事物、现象等进行联系，一定程度上了解其意义。

(6) 能积极完成一些与早期阅读有关的涂写活动。

(7) 能够认真倾听他人的阅读活动并且能理解内容。

(8) 能够发挥想象力，自己编故事或童话等，并且乐于讲述给他人听。

(9) 能够根据图文提示完成某个任务。

3. 认知目标

早期阅读的认知目标是使学前儿童获得更丰富的语言活动、其他社会科学和自然科学知识经验，为提高学前儿童的语言水平和文化素养起到启蒙作用。学前儿童阅读教育并不以知识的传授为主，但是如果学前儿童在此过程中能够获得与生活紧密结合的知识也未尝不可。例如，从早期阅读活动中认识交通标志、安全标志等生活中重要的知识，这就是有意义的认知。

制订具体的认知目标时应该体现以下几个方面：

(1) 能够读出熟悉的书名和人名。

(2) 能通过封面了解图书的类别，并且依据封面进行图书筛选。

(3) 能在听故事时记住故事的梗概，并据此回答问题。

(4) 能领会阅读材料的简单寓意。

(5) 能分辨书面语言和口头语言的区别。

(6) 能够大致复述故事。

(7) 能学会一些简单的标识，并且乐于尝试运用。

简言之，早期阅读是前阅读，是正式阅读的铺垫和准备，是阅读启蒙，其目的不在于阅读的结果，而在于阅读的过程和乐趣，在阅读中，让学前儿童掌握一些与阅读活动有关的准备技能，培养其阅读兴趣，使其养成良好的阅读习惯，从而促进以后的正式阅读。阅读兴趣、阅读方法、阅读习惯对学前儿童的成长至关重要。

三、早期阅读的内容

早期阅读是以学前儿童为接受、理解主体，以一切与学前儿童书面语言学习有关的内容（尤其是绘本）为主要阅读对象的理解性学习活动。让学前儿童有机会接触各种类型的书面材料、不同体裁的文学作品，可扩大他们的阅读面，丰富他们的早期阅读经验。在选择早期阅读材料时，应根据学前儿童的认知水平选择适宜的、有学习价值的阅读内容。学习价值主要体现在适合学前儿童年龄和认知特点，能引起学前儿童自觉模仿、记忆和运用，能帮助其联系口头语言、引发联想，同时有助于学前儿童养成倾听和专注阅读的习惯。

1. 篇幅短小且图文并茂的书籍

作为早期阅读的书籍，内容应该情节生动，篇幅短小，角色数量少，时空转换不多；画面应该色彩鲜艳且幅面较大，形象生动、逼真、新颖有趣；语言应工整押韵，读起来朗朗上口。这样的图书易于激发学前儿童看书的愿望，有助于培养学前儿童的阅读兴趣。

对学前儿童而言，其阅读材料主要是图画故事书或者无字绘本。但有一些人认为这不是阅读，还有人认为阅读材料应该是以文字为主并配以少量插图的故事书。事实上，阅读图画故事书是一个复杂的心理过程，需要阅读者具备大量的知识、经验和策略，它对学前儿童的语言、想象、思维、情感、社会化及审美等能力的发展水平都有所要求。学前儿童的认知、情感年龄特点决定了阅读材料要以图为主，大图小字，文字为图画服务，文字是图画的辅助、解释。

对于 3 岁以下的学前儿童，其思维方式主要为直观行动思维，感知和动作是其与外界交流并产生认知的重要途径，因此在阅读材料的选择上，应尽量选择一些有动感的、能发出各种声响的图画书；从幼儿园中班开始，学前儿童的具体形象思维得到一定程度的发展，头脑中已经储存了与日常生活相关的物品及动作的丰富表象，此时给学前儿童提供的阅读材料应贴近他们熟悉的日常生活，这样才能引起学前儿童内心的共鸣，激发其强烈的阅读兴趣。

高质量的图画书是幼儿园早期阅读教育的主要资源，选择优质的图画书是每一位教师开展早期阅读活动的重要内容。当前，图画书是学前儿童早期阅读教育最主要的教学材料，如何才能发挥图画书的最大功效呢？一本优秀的图画书，应当是文学语言、美术语言和教育语言的有效结合，可以多维度地帮助学前儿童在阅读中获得多方面的思考。从多元阅读的角度看，幼儿园提供给学前儿童阅读的图画书还应当包含儿童故事图画书、儿童诗歌图画书、儿童散文图画书和儿童科学知识图画书。儿童故事图画书的情节与情节之间存在着一定的逻辑关系，画面与画面之间前后有联系，便于学前儿童运用已有的知识和经验来理解图画故事的含义。

2. 周围环境中的阅读

早期阅读形式可以不必拘泥于书本，生活中处处都有阅读材料，比如商场、商店的标牌、宣传广告，公共场所的指示牌、交通标识、物品广告、使用说明书等。带领孩子就餐时，可以把菜单作为一种阅读材料，给孩子介绍菜单的装帧、设计、文字、图片等。在生活中，这类内容主要来自幼儿园、家庭以及公共场所，而这些阅读都是非常有教育意义的早期阅读行为，不但会为孩子提供早期阅读的经验，而且会传达给孩子很多行为常识、社会规则，对一个人的社会性发展非常有帮助。

3. 利用多媒体技术手段的阅读

早期阅读教育除了采用书本的形式，也可以利用当下的多媒体技术手段。程丹琳在《幼儿早期阅读的指导策略》中倡导通过电视、电脑、手机、学习机等手段提高学前儿童的阅读理解能力。电视节目中的动画片深受学前儿童的喜欢，教师平时可让学前儿童观看一些有教育意义的、知识含量较多的作品、节目。在纸媒阅读前后还可观看一些与阅读内容相关的视频，以提高阅读理解力。但过多使用电子产品对孩子的身体、阅读状况也会产生负面影响，所以应适当引用，以增添课堂的乐趣，丰富图书画面的生动性，从而提高孩子的学习兴趣。

在学前儿童早期阅读材料的选择上，教师应注意遵循学前儿童心理发展规律，贴合儿童认知发展特点。

四、早期阅读的实施途径

早期阅读的实施途径如下所述。

1. 提供前阅读经验

(1) 向学前儿童提供前图书阅读经验，包括看书的姿势，翻阅图书的经验，书的组成部分及其功能，如何在图书角或者阅览室取书、看书，以及如何借阅图书。

(2) 向学前儿童提供前识字经验。虽然大量地、集中地快速识字是小学阶段的学习任务 (并非早期阅读的主要目标和内容)，但是在学前阶段开展有计划、有目的的早期阅读活动，可帮助学前儿童获得前识字经验，提高学前儿童对文字的敏感度。早期阅读可以提供的前识字经验主要有：了解文字的具体意义，可以与实物发生联系；了解文字的功用，例如可以记录、说明等；初步了解文字，特别是汉字的起源；了解一些文字和符号的转换关系；了解文字和语言的多样性，比如不同国家的语言文字不尽相同；了解汉字的构成和内涵，特别是一些常见的象形词、偏旁部首等的意义，如人、从、众等。

(3) 向学前儿童提供前书写经验。早期阅读不要求儿童进行书写，但是一些游戏类的书写或者涂画活动可以帮助儿童获得相关书写经验，同时可以刺激他们手部肌肉的发展，为小学阶段的书写做好过渡。这些前书写经验包括：正确的握笔姿势、坐姿，笔的种类和使用功能，书写的步骤等。

(4) 选择图书。早期阅读的目标之一是培养学前儿童的阅读兴趣。为了培养儿童的阅读兴趣，成人应尊重儿童的兴趣和意愿，让儿童选择自己喜欢的内容进行阅读，这样一方面能调动儿童阅读的主动性和积极性，另一方面可以培养儿童的自主性、能动性。如果成人想推荐阅读内容，应注意引导，激发儿童的兴趣；若强迫儿童接受阅读内容，则既不利于早期阅读教学效果的提高，也不利于早期阅读教学促进儿童发展的正向功能的发挥。如果儿童喜欢，他会十分投入地阅读；如果他对内容毫无兴趣，则会有相反的效果。例如，要选择内容简单、适合儿童理解的故事，同时，故事的结局最好是明确、有条理的。若故事结局是模糊或者模棱两可的，则此故事适合年纪稍长的儿童阅读。另外，故事的情节也是吸引儿童阅读的关键。

2. 采用多样的教学方法

早期阅读的另一目标是提高学前儿童的阅读能力，因为更高的阅读能力能帮助儿童从阅读中收获乐趣。对儿童进行早期阅读培养时，可以采用讲解、反复阅读、复述、提问、角色扮演、游戏、表演、朗读、讨论、练习、图书制作等方法，而且要多种方法并用。

学前儿童的早期阅读不同于已初具文字阅读能力的小学生的阅读，教师往往要直接介入阅读过程，因此讲解是影响儿童理解阅读内容的重要因素。讲解中可采用"点画讲解""点读文字"等方式帮助儿童逐渐理解阅读内容。

反复阅读可加强儿童对阅读材料的感知与记忆，是儿童对阅读材料的初步加工。在反复阅读过程中，材料的语言和内容被儿童逐渐熟悉，最后无须成人指导就能独立阅读材料，其自信心将获得满足。

复述是对阅读材料的保持和再现。对于年龄较小的学前儿童，成人可首先帮助其建构起复述提纲，目的是让儿童对阅读材料进行回忆；对于年龄较大的学前儿童，成人可让儿童自己建构复述提纲进行复述。

提问是以多疑善思为主要标志的阅读指导策略。在早期阅读教学中，教师可根据阅读材料、儿童已有的知识经验及应答反应设计并恰当运用不同类型的问题，使阅读更符合儿童的认知水平，促进其阅读能力的提高。

张池容在其硕士论文中提到了关于重庆地区的调查。通过调查发现，重庆市主城区幼儿园教师在进行早期阅读教学时，所运用的教学方法按选择人数多少排序依次为讲述法、提问法、角色扮演法、游戏法、表演法、朗读法、讨论法、练习法、图书制作法。通过访谈和观察也证明，大多数教师在进行早期阅读教学时，把讲述法、提问法放在了前面，把角色扮演法、游戏法、表演法、图书制作法放在了后面。然而，幼儿园的教学实践证明，后面几种方法更适合儿童，更能吸引儿童的注意力和兴趣，也更能促进儿童发展，但这正是当前幼儿教师所忽略的。

3. 创造良好的阅读环境

良好的阅读环境对儿童阅读能力的提高有重要影响。"让孩子成为读书人，让社会充满书香"无疑是一种良好的愿望。但是，目前一些社区、家庭还没有形成利于读书的环境和习惯，对儿童的阅读活动缺乏科学的指导，儿童缺乏良好的阅读氛围的熏陶，缺乏适宜的阅读环境。

这里所说的环境分为硬环境和软环境。硬环境的设置应使儿童愿意主动接触阅读材料，让儿童真正喜欢阅读并从中获益。这种环境应该丰富而温馨，光线适宜，图书应数量充足、品种多样、放置合理且适合儿童阅读。软环境包括创设宽松互动的阅读氛围，让儿童在学习中感受到开放和平等，还包括教师以积极的态度关注儿童的早期阅读行为，对儿童的阅读行为表示关注和赞赏，鼓励儿童阅读，和儿童共同分享快乐阅读的过程。

4. 注重与学前儿童的互动

教学是师幼互动的交往过程，是教师引导儿童一起分享信息的过程。在这个过程中，儿童是否参与、参与的程度等方面是决定早期阅读教学效果的关键。缺少互动会造成教师对儿童情绪、情感等关注不足，这时儿童的注意力就会分散，早期阅读的效果也难以达到。积极、有效的师幼互动不仅可以增进师幼之间的情感，而且能提高早期阅读教学的效果，促进儿童身心和谐发展。教师可以通过活动法、游戏法、角色扮演法等各种活动形式，让儿童主动、积极地建构活动、参与活动、评议活动，同时，教师应与儿童进行积极、充分的情感交流，以促进良好师幼互动关系的真正建立。

互动时，教师应注意教态。教态是指教师在上课、辅导以及其他与儿童共同交流的场合中，通过内心情感的作用，以面部表情或体态语言等方式，表现出来的一切可视的表情、动作等。在互动中加以肯定的眼神与鼓励的话语，对儿童阅读能力的提升是有显著帮助的。教师作为儿童的引路人和指南针，需要在很多时候面对面与儿童交流和沟通，除了用心灵可以感受到的教师高尚的师德和教师无私博大的师爱，以及用耳朵可以倾听到的富有哲理和亲切的语言外，更重要的还有教师的教态。因为这一切通过表情和体态来表现，可以看在眼里，记在心里，印象深刻，产生影响巨大的教育作用。

五、早期阅读的影响因素

1. 学前儿童自身因素

学前儿童在阅读活动中出现问题或发生阅读困难时，其因素有很多，如有生理基础因素、认知加工的因素等。

1) 生理基础因素

(1) 阅读困难与遗传有一定的关系。有研究者发现，出现阅读困难患者家庭的可能性大小排序是：父母双方都有阅读困难的家庭大于父母一方有阅读困难的家庭，大于父母都没有阅读困难的家庭。而且父母双方都有阅读困难的家庭中一旦出现了阅读困难的子女，孩子的阅读困难就会越来越重。

(2) 在脑神经机制方面，有研究表明，阅读困难的儿童，其左侧额中回有显著的功能缺陷，并且存在左脑枕下回激活不足、右脑枕下回激活过度的现象。同正常儿童相比，阅读困难的儿童的左脑额中回灰质密度明显偏低。

(3) 儿童的听力缺陷、慢性中耳炎也会引起阅读困难。

(4) 儿童的智力也是影响儿童早期阅读的重要因素。

2) 认知加工因素

(1) 言语加工因素：包括语音意识缺陷、语素意识缺陷、正字法意识缺陷、语义加工缺陷和句法加工缺陷五个方面。

(2) 非语言加工因素：包括知觉加工缺陷、工作记忆缺陷、元认知技能缺陷、注意力缺陷。注意力缺陷表现为儿童注意力缺陷多动症 (Attention Deficit Hyperactivity Disorder，ADHD)。ADHD 儿童在反应抑制、语音工作记忆、视空间工作记忆、计划能力等许多方面的能力存在缺陷。这表明 ADHD 儿童在基本的认知加工和高级的认知加工两方面都存在缺陷。因此，ADHD 儿童的字词识别和阅读理解能力都明显落后于正常儿童。

2. 家庭环境与社会因素

1) 家庭环境因素

家庭是学前儿童开始早期阅读的重要场所之一。影响学前儿童早期阅读能力发展的家庭环境因素包括物理环境、心理环境和可利用的社会资源等。

物理环境是指儿童阅读空间的环境，如书房的布置、图书的陈列、家庭的阅读资源等。心理环境指的是家庭的阅读氛围，如父母的阅读习惯、父母与子女之间的阅读互动等。《阅读与幼儿发展》一书探讨了家庭经济状况、社会地位和家庭文化背景三方面对学前儿童阅读能力发展的影响。在经济状况方面，经济条件较好的家庭通常更愿意且更有能力为儿童提供丰富的阅读材料、打造良好的阅读环境，儿童接触书籍的机会、培养阅读兴趣的机会越大；而经济条件较差的家庭更容易因经济状况而少购置阅读材料，阅读环境简陋，容易产生家庭矛盾，影响儿童成长的心理健康，对儿童早期阅读产生消极影响。在社会地位方面，国外研究表明，处于中、高阶层的父母往往更重视儿童的早期阅读，中、高阶层家庭中的儿童在家接触过、阅读过的书籍数量高于较低阶层家庭中的儿童，而且这些阅读经验有助于儿童养成良好的阅读习惯，形成较强的阅读能力。在家庭文化背景方面，有研究表明，父母的受教育程度会影响家庭文化资源的质量，这就影响了家庭亲子活动，从而影响到了儿童的早期阅读。家庭的背景状况与儿童阅读成就没有直接的关系，但是为儿童阅读能力的培养和发展提供了一种可能。

2) 社会因素

家庭背景、街道因素、社区经济文化、儿童就读的学校、社会大环境等诸多社会因素与儿童早期阅读密切相关。除家庭因素外，最需要被我们关注的就是幼儿园、托儿所等学前教育社会机构。幼儿园是学前儿童学习生活的第二主要场所，对学前儿童的阅读能力的发展有着深远影响。调查研究显示，在学前儿童阅读效果较差的托幼机构的课堂上，存在课堂节奏慢、缺乏中长期计划、互动教学占比低、课堂任务复杂枯燥等现象。由此可见，托幼机构的阅读政策、阅读教学的实施、阅读活动的组织开展以及阅读环境的创设等因素都会影响儿童早期阅读能力的发展。因此，托幼机构应对阅读及其重要价值有正确的认识，树立正确的阅读观念，正确指导并组织各项阅读教育活动的开展，为学前儿童早期阅读能力的发展带来良好的影响。

第二节　早期阅读活动的设计与组织指导

一、早期阅读活动的分类

1. 渗透性的早期阅读活动

1) 幼儿园日常生活中的早期阅读活动

幼儿园的环境设置中要体现处处是教育的特点，其中有不少就是早期阅读的好素材。这类素材来源主要包括以下几个方面：

(1) 在幼儿园的阅览室或者图书馆开展参观、借阅图书等活动。

(2) 在班级开展设立图书角、制作墙报等活动。

(3) 组织学前儿童自制图书、报刊或者写口头作文等。

(4) 组织学前儿童参加一些特别的纪念和展览活动。

2) 家庭日常生活中的早期阅读活动

我们经常说"书香门第""家学渊源"，可见，家庭中的读书氛围和阅读环境表现在点点滴滴日积月累的日常生活中，这样的阅读机缘对孩子早期阅读的发展是影响最早的，也是最持久的。家庭中的阅读可以来自以下方面：

(1) 带领孩子对家里的图书进行整理和分类，教育孩子爱护书籍。

(2) 陪孩子阅读，在孩子没有掌握字之前，更要多为孩子朗读绘本、图书或者讲述故事等。

(3) 拓展家庭中的阅读资源和渠道，如了解邮票、钱币等收藏的知识。

(4) 及时利用家庭日常生活中各种随机发生的阅读机会。

3) 社会环境中的早期阅读活动

社会环境是更为宽泛的阅读环境，在这个环境中，学前儿童的早期阅读离不开师长的指导和全社会的关注。在社会环境中可以开展的活动有以下几种：

(1) 了解各类公共场所的标志、特色以及对个人的要求等。

(2) 带领孩子去图书馆、博物馆等地方进行参观、阅览等。

(3) 进行大众化阅读。

2. 专门的早期阅读活动

专门的早期阅读活动主要是指在幼儿园进行的专门的早期阅读活动。幼儿园的早期阅读是有计划、有目的的教育活动。由于幼儿园是学龄前儿童接受启蒙教育的主要场所，并且 3～6 岁的学前儿童大部分时间是在幼儿园度过，加之有专业的教师参与设计、组织专门的教学活动，因此幼儿园的早期阅读活动在学前儿童的阅读活动中起了更重要的作用。

幼儿园专门的早期阅读活动按照活动的方式可以分为以下几种：

1) 学前儿童个体的阅读活动

早期阅读无论是集体阅读还是个体阅读，最终形成的都是以个体为单位的阅读活动。学前儿童个体的阅读从一开始的选择图书到后来的自由借阅图书，都对个体发展具有重要意义。在学前儿童个体的阅读活动中，教师不仅要多观察、多指导，更要多检阅，以了解学前儿童的阅读能力发展程度。

开展学前儿童个体的阅读活动时，教师应做好以下几个方面的工作：

(1) 投放书籍。教师应在班级内创设图书角、绘本区等可供学前儿童阅读的环境条件。图书角的书籍应该涵盖文学、艺术、自然、伦理道德等多方面的内容，并且要定期更换，更换时可以采取与其他班级互相交换的方式，既节约经费又高效。

(2) 开展阅读交流活动。教师应为学前儿童组织专门的阅读交流活动，让班级中阅读发展较好的学前儿童进行故事分享，也可以组织大家一起讨论某本书或者某个话题，互相促进，共同进步。

2) 集体教学的师幼阅读活动

集体教学的师幼阅读活动是更高效、更有目标性且更有氛围的早期阅读活动。

开展集体教学的师幼阅读活动时，教师应做好以下几个方面的工作：

(1) 考虑学前儿童的年龄特点，不能拔高，否则无异于浇灭学前儿童的阅读热情。不要设置太多的任务，特别是书写和认读作业。一个高明的幼儿教育工作者在于教会学前儿童如何阅读，而不在于教学前儿童认识了多少字。

(2) 注意学前儿童之间的个体差异。同一班级中有的学前儿童发展较快，可以让他充当老师的小助手，辅导和协助别的学前儿童进行阅读，甚至是组织阅读活动；同时，也要适当给发展较差的学前儿童分配一些力所能及的任务，促进其积极进行阅读。

(3) 在进行阅读活动时，要对阅读材料进行把关。现在市场上充斥着一些不适合学前儿童阅读的阅读材料，如错误百出、情节不连贯、难度极大的书籍，甚至有的出版商为了牟取暴利，直接截取动漫画面制作成书籍页面，不仅缺乏教育意义，还使得学前儿童接触到了暴力、血腥、色情等不当内容。因此，教师应严格把关、认真甄选阅读材料。

(4) 在设计教学活动时，始终把提高阅读兴趣、传授阅读技巧作为最主要的目标。

(5) 多采用各种形式的教育活动。例如，教学前儿童学习制作书籍时，可以让学前儿童观看视频或者幻灯片，也可以让学前儿童自己动手制作书籍，还可以上升为珍惜别人的劳动成果、爱护人类进步的阶梯——书籍，甚至可以让学前儿童想象未来的书籍制作。

二、早期阅读活动的设计与组织指导要点

早期阅读活动作为一种重要的学前儿童语言教育活动，必然具有教育活动的典型特点，即有目的、有计划、有组织。这就要求教师要精心设计与组织早期阅读活动。

早期阅读集体教学活动的结构模式与文学作品、讲述、谈话等其他语言教育活动的基本一致，教师要确定活动目标，做好活动准备，确定活动的重点和难点，选取合适的教学方法，创设活动环境。活动过程的设计分为开始（或导入）、基本过程、结束和延伸三部分。在开始（或导入）部分，教师要创设情境，激发学前儿童的兴趣，引出阅读内容；基本过程部分承载着完成教学任务、实现教学目标的重大使命；在结束和延伸部分，教师要总结阅读内容，评价学前儿童阅读表现，使学前儿童保持和延续对阅读的兴趣，并巧妙地过渡

到下一活动。

教师在设计与组织早期阅读活动时，一般应遵循以下几个要点：

(1) 教学设计要切实可行。

幼儿园教学活动时长一般为 15～30 分钟，时长根据年龄阶段增长而逐渐增加。在有限的时间里，如何把教学内容安排恰当，非常考验教师在教学设计和实施方面的经验及技能。如制作主题网络图就是有经验的教师常用的方法。主题网络图设计完成后，结合本班学前儿童的年龄和发展水平，制订本次教学活动的教学目标、教学内容和教学方法，然后设计、组织教学流程。只有严格按照可行的活动设计方案开展活动，才能保证教学目标的顺利达成。

(2) 多利用现代信息工具或者社会资源，为学前儿童提供更好的阅读环境。

当今社会，人们通过现代信息工具能够非常方便、快速地了解任何一个专业的知识，既可以纵观该方面的整个知识发展史，又可以横向了解各级各类同行甚至国外同行的发展程度。在日常生活中，我们不必再因为没有买到书而发愁无法阅读，只要有电脑、手机、网络或者其他通信工具，就能获得数不尽的阅读资源。当然，对于学前儿童来说，应该适度使用现代信息工具，以免损害其身心健康。

(3) 尊重学前儿童的差异，多鼓励、多示范、多交流。

俗话说"龙生九子，子子不同"，一母同胞的孩子都存在很大的差异，更何况来自不同家庭的学前儿童。每一个学前儿童都值得教师去认真探究。了解不同学前儿童的成长背景、阅读习惯，并加以合适的引导，这是每个幼教工作者的责任。

(4) 创设良好的阅读环境，营造良好的阅读氛围。

① 阅读氛围的营造。

教师应为学前儿童创设能引起学前儿童兴趣或学前儿童喜欢的阅读环境。

首先，选择明亮的、采光好的环境。根据学前儿童的喜好，创设出温馨舒适的、可地上或桌旁坐、可集体阅读或单独阅读的环境，如花园式图书角、海底世界图书角等，让学前儿童在此惬意地享受阅读的快乐。

其次，制订必要的规则，如安静阅读不影响他人、按标记取放图书、不争抢图书、爱护图书、正确使用借书卡等规则，使学前儿童养成良好的阅读习惯。

再次，鼓励学前儿童相互交流、记录问题，引导学前儿童喜爱阅读图书，愿意去图书中查找资料、寻求解决问题的答案。

最后，设置新书广告栏，可以让学前儿童自制图书栏，不断吸引学前儿童关注阅读活动。

② 学前儿童阅读材料的投放。

为了满足学前儿童多方面的需要，在选择学前儿童阅读材料时除遵循一般性原则，即主题正确、内容健康、数量充足、安全卫生外，还应该注重以下四个方面的问题。

第一，选择阅读材料时，要注重内容与学前儿童生活经验相关，一般应选择情节文字简单、图文并茂，并且让学前儿童有发挥创造力和想象力机会的阅读材料。

第二，将阅读材料按大、中、小不同年龄班学前儿童的需要相对分开摆放，每一区中又根据不同阅读材料种类摆放。例如，可分为图书类、自制图书类、其他资料类等，每一类口又可视其具体内容再分放，像图书类中又可以分为童话、儿歌等。不同年龄班的阅读材料区应用生动有趣的标志标示出来，以便幼儿能很快地查找到。

第三，按不同年龄班学前儿童身高特点布置阅读材料区，便于不同学前儿童取放阅读材料。

第四，0～3岁学前儿童的阅读材料应选择容易消毒（日晒、消毒液清洗、搓洗等）的布书、卡片或画面局部可感知触摸的阅读物。

早期阅读模拟讲课

第三节　绘本的阅读

绘本是以图画配上一些文字来讲述故事或者阐述事物的一种图画书，书中的图画和文字互补互释，其各自独立，可单独存在。绘本深受学前儿童喜爱，同样也给成人带来美好的感受。本节介绍的绘本指以学前儿童为阅读对象的文字和图画相结合的绘本。

绘本以简短的文字让儿童感受真善美，以各种形式的绘画帮助儿童理解内容、感受美、欣赏美，图文互相诠释，互相影响，相得益彰，引导儿童进入阅读世界。近年来绘本已经发展成早期阅读教育的主要材料。绘本阅读也逐渐成为早期阅读活动的主要形式之一。

【拓展阅读】

绘本的前世今生

绘本的雏形可以追溯到人类诞生后，人类在洞穴留下来的壁画，动物骨头上留下来的文字和图腾，动物兽皮上留下来的特殊记号等。随着科技的进步，文字和绘画的载体和工具有了全新的发展。文字和图画结合，产生了各式各样的绘本。

随着文艺复兴时期"人文主义"思想的发展，捷克大教育家夸美纽斯将绘画与人文社会、自然科学等领域的知识搭配起来呈现在孩子们的面前，他的这本名为《世界图绘》（又译《图画中见到的世界》）的书被誉为世界第一部真正意义的图画书，但这显然与现代意义上的绘本有一定的差异。

最早的具有现代意义的绘本是1903年英国女作家毕翠克丝·波特创作的《彼得兔的故事》系列。此后，国外在绘本方面有了持续不断的发展，也涌现出了大量闻名于世的绘本名著，例如李欧·李奥尼的《小蓝和小黄》、大卫·香农的《大卫不可以》、安东尼·布朗的《我爸爸》、艾瑞克·卡尔的《好饿的毛毛虫》、沃尔夫·埃布鲁赫的《是谁嗯嗯在我的头上》、松居直的《桃太郎》、宫西达也的《我是霸王龙》等，深受世界各国小朋友的喜爱。美国、英国等还设立了凯迪克奖、纽伯瑞儿童文学奖、凯特·格林纳威奖等，为绘本的发展起到了强有力的推进作用。

受现代科技尤其是互联网、多媒体技术的影响，电子绘本异军突起。近年来绘本从单纯的静态纸质画面向有声音、动态画面演绎加持的电子版发展进化，吸引力、表现力更强。

我国现代绘本的发展起步较晚，发展相对缓慢，但是也不乏优秀作品涌现。我国绘本的发展历程主要有四个阶段：

1. 1949 年以前

中国古代插图书较少见，到了清末民初，随着现代出版业的发展，带有大量插图的图书和杂志开始出现。当时的《儿童世界》刊载了"图画故事"栏目，用图画来讲述故事，图画清新朴素，文字朗朗上口，被视为中国绘本的萌芽。民国时期，开明书店的国语课本带有很多插图，被认为是现代绘本的雏形。

张乐平的《三毛流浪记》《三毛从军记》《东郭先生》，张光宇绘制的《西游漫记》，丰子恺的儿童漫画，既是我国连环漫画的代表作，更是我国绘本开拓性的作品。

2. 1949—1980 年

这一时期是中国原创绘本发展的重要时期，专业儿童出版社和美术出版社出版了大量优秀的连环画，它们大多运用民间艺术手法，或以版刻、壁画的形式呈现，或以国画水墨及工笔重彩为主，我国绘本得到了很快的发展。上海人民美术出版社等出版了大量的连环画图书，连环画出版社还创办了《连环画报》等刊物，这些图书、刊物图文并茂，宣扬主流价值观，为少年儿童提供了独特的审美空间。

3. 1980 年至今

改革开放以来，随着我国儿童出版业的发展，插图书、绘本和画报期刊得到了蓬勃发展，涌现了不少优秀的作品。如20世纪80年代出版的俞理的《老鼠嫁女》、于大武的《哪吒闹海》，20世纪90年代出版的刘巨德的《九色鹿》、杨永青的《神笔马良》等，是一代中国读者美好的童年记忆。

进入21世纪，虽然日本和欧美绘本大量引进出版和传播，但我国也涌现了不少绘本艺术家和出版人，出版了不少值得肯定的作品，形成了可观的规模。

4. 绘本的未来

社会的进步、科技的发展、出版文化产业的改革及新媒体的出现，都对绘本创作及传播有着深刻的影响。多元化的阅读环境和方式，推动了阅读观念的改变。

绘本和儿童成长、儿童教育有着密不可分的联系，关系着千千万万个家庭，所以绘本创作和阅读的发展空间不可限量。

未来，如何把绘本的发展与社会的发展、新媒体技术的发展等有机融合，如何更新绘本的阅读形式、体验方式等，都是绘本艺术家、出版人和阅读推广人面临的课题。

一、绘本的教育意义

绘本是艺术的一种，其功能包括提供有意义的背景情境、建构基础能力、提升学习兴趣、提供情感抒发和经验学习的媒介。以绘本为教学媒介，可激发学前儿童视觉、听觉和思考幻想的空间，教师借由听读图文信息、导引讨论与分享的历程，进行省思建构与内化，以达成教育目标，帮助学前儿童养成终生阅读的习惯并培养其自主学习的能力。绘本教学目标中过程重于目的，且重视讨论阶段，并以培养阅读能力为依归。

作为学前儿童早期"读图时代"的一种特殊的语言，绘本的真正价值在于对学前儿童感知能力、观察能力、思维想象能力以及创造能力的启迪和引导，其语言、造型、色彩、构图及表现风格等对学前儿童早期感知觉的发展及兴趣爱好起着积极的引领作用。绘本不仅仅是一个好看、好听的故事，其中所蕴含的审美情趣、知识经验和人生的感悟等都对幼儿一生的成长有着不可低估的重要价值和作用。

二、绘本中的文字和图画

绘本是最适合学前儿童阅读的图书。学前儿童的阅读和审美能力从幼儿时就应该慢慢培养。幼儿期的孩子虽然大多数不识字，但已经具备了一定的读图能力，如果这个阶段教师或家长能有意识地和孩子们一起阅读绘本，营造温馨的环境，帮助他们解读故事，和他们一起欣赏画面，则在与美妙的图文接触的过程中，孩子将会在故事中品味绘画艺术，在欣赏图画中接触文字、解读文学。这种早期的阅读习惯的培养，不仅是一种让眼睛享受、让心灵愉悦、让精神提升的美妙体验，而且有助于孩子阅读习惯的养成。

1. 绘本中的文字

绘本中的语言文字往往是凝练、简洁、符合儿童身心特点的。由于篇幅有限，绘本作者在安排语言文字的时候，会将某一画面中想呈现的内容的核心提炼出来，以最少的文字表达最多的内容。比如，在宫西达也的作品《我是霸王龙》中，霸王龙被小翼龙照顾得痊愈后，找回很多鱼来感谢小翼龙，但是小翼龙因为害怕他就拼命逃掉了，其实作者想表达很多，有霸王龙的深深的感谢、小翼龙的种种不舍、希望彼此以后都能好好活下去的祝愿以及因为无法在一起生活的遗憾等等，如果是单纯地写故事，那么可以写几百字，甚至上千字，但是绘本这种形式不允许有这么详细的冗长文字记叙，因此，作者仅以一二十字表达了这个场景。这些文字虽简短，却最能概括此情此景。

绘本中的文字在页面中一般采用横向排版，因为横向排版的文字更便于阅读。文字与画面的搭配可采用融入法、贴图法和对比法。融入法就是在画面中不除去底色，只除去线条，然后将文字排布在一小块区域中，如图 10-1 所示。贴图法就是在画面中直接遮挡一部分画面，贴出空白，将文字排布在里面，如图 10-2 所示。对比法就是直接将文字排布在画面上，但是一般选择单一色彩且没有线条的地方，深色的画面选择白色字体，浅色的画面选择黑色字体，如图 10-3 所示。

图 10-1 《我是霸王龙》版式

图 10-2 《永别了袜子》版式

图 10-3 《花婆婆》版式

2. 绘本中的图画

绘本中高质量的图画对培养学前儿童审美力、观察力、想象力、创造力及情感等等，都有着难以估量的潜移默化的影响。优秀绘本中的图画都是画家们精心手绘的，图画的风格别具一格，带着儿童特有的笔触和灵感，在图画中讲述故事内容。因此可以说，优秀绘本中每一页的图画都堪称艺术精品。

每一本绘本或者每一位绘本画家都有着自身独特的风格。比如《我是霸王龙》系列绘本，宫西达不仅用类似出自儿童之手的线条勾勒了最简单的霸王龙和其他恐龙的形象，还用不胜繁复的笔触描绘了下雨、星空等环境，每一样都透着儿童的稚嫩和认真。

还有很多绘本画家将独特的艺术表现形式融入图画中，希望借助于绘本这种媒介，让孩子的审美有所突破。如图 10-4 所示的《母鸡萝丝去散步》版式中，画家想到了用整齐的线条排布来展示线条之美，不论是母鸡萝丝的麦穗状尾巴，还是狐狸身上细腻的线条排列，以至于农场上各种场景的勾勒，像一幅幅针织画面，无不展示了这种整齐划一的线条排列之美。

图 10-4 《母鸡萝丝去散步》版式

三、绘本在语言领域的运用

绘本具有图文并茂的显著特点，特别适合作为早期阅读的材料，教师可以将绘本作为教学内容或教学手段来组织学前儿童进行早期阅读活动。

1. 绘本教学设计模式

教师可根据绘本的特点编制活动链，设计如下逐层递进的教学环节：

浸入式阅读（对书本大概内容进行了解的阅读学习）→**理解式阅读**（以看图讲述的方式进行）→**分析学习**（以故事教学的形式进行）→**提升式学习**（对文字、符号等的感受性学习）→**多元式学习**（用语言活动、美术、音乐、舞蹈、表演、手工制作等艺术活动形式表达对故事的理解并延伸）。

2. 绘本的演绎

优秀的绘本作品需要有心的家长和教育工作者来选择和解读。对绘本作品的演绎，不仅是展示绘本的文字和画面，还包括对整个作品的取舍或者创造性的演绎。

绘本作品的取舍是进行绘本教学的前提。每一部绘本作品并不是只有一种解读，不一样的解读会带来不一样的选择。同一个故事，有的人喜欢把孩子讲到抹眼泪，有的人希望孩子深切地感受到事物的本身，但能够乐观对待。

在绘本教学中不论哪一种取舍，都是为中心思想服务的，在教学过程中，教师可运用一些教学手段。

1) 画面的展示

绘本既可以作为教学内容，也可以作为教学手段使孩子学习到其他领域的活动知识。比如，教师可以用《贝尔熊生病了》的绘本故事进行语言活动教学，仅讲述友情的可贵，也可以将这本绘本中的几幅图画展示给孩子，向他们讲述健康活动领域的关于感冒的知识。这样，同一本绘本在上述两个活动中的画面展示就不可能完全一样。如果是前者，就需要将画面一幅幅完全展示出来，因为教师要让孩子们通过画面来和文字内容相互印证解读，缺漏画面会导致故事情节的缺失，有可能造成理解困难。若是后者，则可以只截取画面中有代表性的几幅，简单讲述一下贝尔熊生病的症状和朋友们如何帮他治疗疾病的过程，其他画面没有必要展示，因为这些画面与教学主题没有太多的关联。

另外，教师对一部绘本作品的讲解有主次画面之分。一般故事的起承转合、与故事主题直接相关的画面以及揭示故事寓意的画面为重点画面。

一个有经验的教师要学会甄别好的绘本和差的绘本，也要学会对一本绘本进行有目的的取舍。

2) 背景音乐的适时播放

背景音乐是除画面之外，另一个最有力的解读文字的利器。有背景音乐的配合，孩子们更容易受到故事的感染，达到共情状态。选择的背景音乐要和故事本身的基调相一致，欢快的节奏适合诙谐、快乐的主题，舒缓的节奏适合深情、动人的主题。一般来说，音乐在讲述过程中是时断时续的，具体的断续一般和故事情节的发展以及活动的安排有紧密的关联性。教师在教学过程中要培养孩子们的艺术鉴赏能力，那么这种背景音乐的耳濡目染也是一种浸入式教育方式。

【本章思考练习】

1. 早期阅读的目标是什么？
2. 早期阅读的内容是什么？
3. 早期阅读的实施途径有哪些？
4. 如何进行渗透性早期阅读活动指导？
5. 请自找素材设计一个早期阅读活动方案。

提 升 篇

第十一章 故事讲述技巧训练

【思维导图】

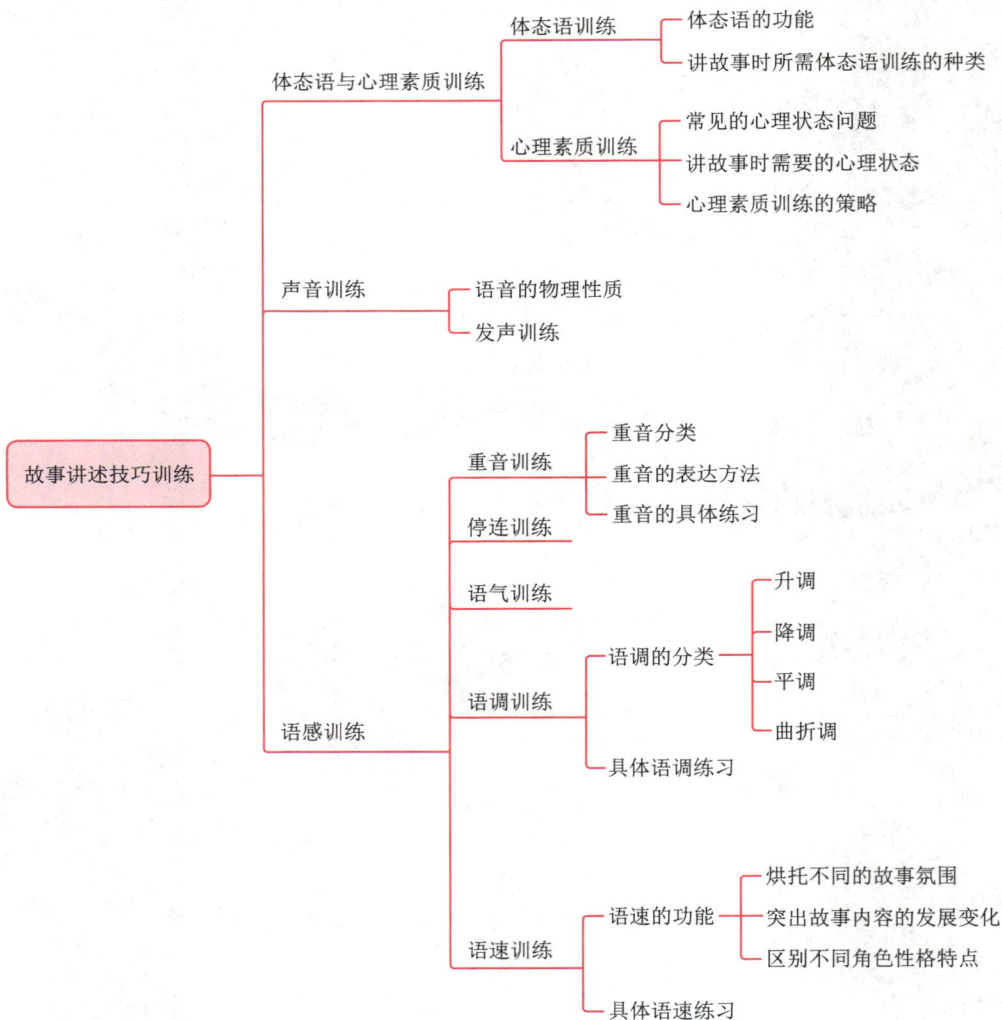

讲故事是幼儿教师展开语言以及其他领域教育活动最常用、最基本、最有效的方法和手段，也是幼儿教师职业必备的最基本的语言素养、职业技能，可以说掌握故事讲述技巧是展开幼儿教师职业生涯的美好开端。所以，作为未来的幼儿教师，学前教育专业的学生有必要接受专业的故事讲述技巧训练。

声音和肢体语言的运用，是故事演绎能否成功的重要因素。声音的运用，主要是从音量、语调、语速、重音、停连等方面的控制来进行演绎，注重的是对听觉的刺激；肢体语言的运用，主要是从目光接触、表情、手势、站姿、走姿或教具的使用等方面进行演绎，更多的是对视觉和感觉的刺激。对声音和肢体语言的运用，需要加强专业练习。通过体态语与心理素质训练、声音训练、语感训练，学前儿童教育工作者可以掌握故事讲述技巧。

第一节 体态语与心理素质训练

一、体态语训练

体态语是指在交流中运用身体的变化，如表情、动作、体姿、身体空间距离等作为传递信息、交流思想感情的辅助工具的非语言符号。体态语也称态势语，是除有声语言以外，人类传递信息的又一种工具，是以传递信息为目的的人体各部分动作、姿势、表情等的总称。

1. 体态语的功能

体态语主要有以下四种功能。

(1) 辅助认识功能：以眼神、表情、手势等体态语加深和强化信息的传递，如用眼神提醒重点、显露喜怒哀乐的态度或示意注视的方向，为听故事的儿童提供理解的直观性和便捷性。

(2) 直观阐释功能：传播信息时，辅以手势动作、道具演示，使语言信息更加形象化，有助于儿童的理解。

(3) 沟通交流功能：与人交谈时的体态语能够透露内心的真实态度，对人与人之间的沟通交流起着至关重要的作用。

(4) 审美观赏功能：诚挚的眼神、微笑的面庞、潇洒大方的举止、神采奕奕的精神状态、和谐得体的衣装气韵，不仅给人视觉上的审美享受，还给人文化上、精神上美的享受。

2. 讲故事时所需体态语训练的种类

自然端庄的面部表情和大方得体的身体动作，在讲故事时更具有表现力和观赏性。体态语的训练包含以下几个方面。

1) 面部表情训练

(1) 眼睛的训练。

"一身之戏在于脸，一脸之戏在于眼"，眼睛是心灵的窗口，能够传情达意，灵动传神的眼神是提高故事讲述吸引力、表现力的关键。

① 训练眼球的灵活性。通过观看比赛中的乒乓球、运动中的飞鸟来训练眼神的灵活度，也可以尝试每天早晚让眼球顺时针、逆时针旋转各 50 次。

② 坚持对镜练习。通过对镜练习，可以发现自己的不足之处，在练习用眼睛表达情感的时候，可以随时进行纠正。

③ 学会控制眼神。传统戏剧讲究的手、眼、身、法、步五种技法中，眼功是排在第二位的。一般在训练的时候采用定点练习，在正前方、左前方45°、右前方45°各设置一个点，在训练中只跟这三个点进行交流，眼神固定在这三个点上，以此来锻炼个人眼神的凝聚力。

(2) 嘴部的训练。

人在表现不同情绪时嘴唇的形态各不相同，比如，伤心时嘴角向下，高兴时嘴角拉长，委屈时噘嘴，忍耐时咬下唇，仇恨时咬牙切齿，生气时嘴唇微闭，轻视时抿唇、嘴角下撇等。

具体的嘴部训练可以通过以下几点进行：

① 放松嘴唇及周围肌肉。通过"哆来咪练习"放松嘴唇肌肉，具体方法是从低音"哆"开始，到高音"哆"结束，一个音节一个音节地发音，每个音清楚大声地说三次。注意，在发音时应该保持正确的嘴型。

② 给嘴唇肌肉增加弹性。坐在镜子前反复收缩或伸张嘴巴。张大嘴巴，尽力使嘴唇及周围的肌肉最大限度地伸张，使颚骨感觉受到刺激，并保持这种状态10秒；闭上嘴巴，拉紧两侧的嘴角，使嘴唇在水平方向上紧张起来，并保持10秒；聚拢嘴唇，在嘴角紧张的状态下，慢慢地聚拢嘴唇，嘴唇出现圆圆的卷起来的感觉时，保持10秒。

③ 观看播音主持嘴部操视频，并进行模仿练习。

(3) 鼻子的训练。

当故事内容中有表达傲慢、蔑视、嘲笑等情感的情节时，可以将鼻子翘起并配合其他体态语传达丰富的故事信息；当故事内容中有表达害怕、愤怒等情感的情节时，可以将鼻孔张开并配合其他体态语传达丰富的故事信息。

具体训练方法如下：

① 挺鼻（表示倔强或自大）。尽量扩大鼻孔，似不能呼吸样。

② 缩鼻（表示拒绝或嫌弃）。尽量缩小鼻孔，似遇到难闻气味样。

③ 皱鼻（表示好奇或吃惊）。双手放在鼻的两侧，帮助皱鼻，在鼻根处形成皱纹。

④ 抬鼻（表示轻视或歧视）。鼻子跟随面部一起上提，鼻尖对准前方。

在训练时坚持对镜自练，尝试用鼻子做出各种动作，和眼睛、眉毛、耳朵、嘴巴以及脸颊肌肉整体配合来呈现各种表情。

(4) 微笑练习。

用食指抵住嘴角，缓慢上升10秒，然后做一个适度的笑脸，把嘴角挑起来，保持10分钟，其余部位保持放松。之后发出笑声，持续10秒后恢复。

2) 身姿训练

身姿即形体外表，良好的形体外表是一个人精神面貌的具体体现。单向表述口才应用中的身姿由上下台步伐、站立姿势、手势动作等构成。

(1) 上下台步伐练习。

讲故事时的上下台步伐，要能显现沉着，充满自信，稳健有力，大方自然，上身要挺拔向上，双臂自然地前后摆动，幅度不要过大，也不要过小，头不要昂得过高，也不要过低，目光平视正前方。

讲述者上台或下台的行路轨迹应该是一条线，即行走时两脚内侧在一条直线上，两膝内侧相碰，收腰、提臀、挺胸、收腹，肩外展，头正颈直收下颌。不雅的步态会给人留下不好的印象，如左右摇晃、弯腰驼背、左顾右盼、鞋底蹭地、八字脚、小碎步等。

(2) 站立姿势练习。

站立时应身体直立，抬头，平视。上半身挺胸收腹，直腰，双肩平齐、舒展，双臂自然下垂；下半身双腿应靠拢，两腿关节展直，双脚呈 45°到 60°夹角，身体重心落于两脚中间。身体重心微微倾向于前脚掌，后脚跟同时用力下踩，头顶感觉往上顶，似乎身体被拉长，有挺拔感。男孩子适宜采用"小八"站姿，双脚可稍稍叉开，最多与肩同宽；女孩子适宜采用"丁"步站姿。

(3) 手势动作练习。

常见的手势动作按活动范围分为上臂手势、中心手势和下部手势三类。

肩部以上的手势称为上臂手势，上举动作就是其典型的手势之一。在这个区域移动的手势一般表示理想、希望、喜悦、祝贺等。手势是向内向上的，手掌也向上，多用于表达积极、激昂的内容和情感。

从肩部到腰部的手势称为中心手势。在这个区域移动的手势一般不带有强烈的情绪色彩，其动作要领是一只手或两只手自然向前或向两边伸直，手掌可向上、向下，运动范围适中。

腰部以下的手势称为下部手势。在这个区域移动的手势通常表示厌恶、轻蔑、不赞成、批评、失望等，基本动作是掌心向下，手势向前或向侧面向下，动作幅度小。

在设计手势动作时要掌握以下原则：

① 辨清褒贬含义的手势。

含褒义的，即表达积极意义，如希望、肯定等意，手往往向上、向前、向内；含贬义的，即表达消极意义，如批判、否定等意，手往往向下、向后、向外。

② 把握动作的情感分量。

一般来说，单手的分量比双手的轻，当配合故事的内容设计动作时，大都不将双手同时进行的大幅度动作安排在讲述的前半部，而是随着一个一个的小高潮，动作幅度逐渐加大。

另外，拳式动作和掌式动作的内涵是有差别的。拳式动作往往强调动机、决心，而掌式动作往往是动机和效果同时兼顾。

③ 动作要成套。

讲故事时哪里要有动作，有什么样的动作，动作幅度多大，都需要密切结合内容通盘考虑，不能随心所欲。一般在几分钟的讲述时间里，设计 5～7 个动作 (由小到大) 即可。

3) 体态语综合训练

(1) 讲故事登台模式示范。

登台：抬头挺胸，精神抖擞，面带笑容，步伐轻快 (有的人在登台时，脚步迈不开，擦地拖着走，没有精神，有的人像走队列，踏步入场，这些都是不正确的)。

手势：虎口打开，四指并拢，自然伸展 (有的人喜欢做成兰花指，有的人四指喜欢张开，要注意规范)。

身形：立挺向上，上半身不要过多摇晃，动作幅度较小 (有的人喜欢伴随表意动作，不习惯控制自己的身形，比如出现身体频摇、头频点、眼睛频眨等小动作，要避免这些动作）。

鼓掌：鼓掌击掌时虎口打开，四指并拢指向要示意大家注意的方位（注意手势要做定格处理，稍停一下，不要立刻放松手势。另外，左右手不要放在胸廓位置击掌，不美观且略显小家子气，头、眼神应做出示意，同时身体前倾，完成在台上的调度）。

(2) 讲故事开场模式示范。

万事开头难。按照如下方法练习，可使讲述者的开场变得更加轻松、顺畅。训练内容包括身体语言和开场模式示范。

① 身体语言：深呼吸；稳步走上台；感谢介绍者（如果有介绍者）；直立台前，调整姿势，清除视觉干扰；稍作停顿，巡视台下听众；自然微笑。

② 开场模式示范：问候听众，集中听众注意力；自我介绍；阐明讲述目的；简述讲述提纲，使听众大致了解讲述内容；向听众分发事先准备好的材料，指引听众做好准备；做好准备，开始讲述。

如果从一开始就调动起听众的积极性，那么说明讲述者在吸引听众注意力方面已经成功了一半。讲述者应该像一位优秀的悬疑小说作家那样，充分激起听众的好奇心，让他们对下面的内容充满期待。

(3) 讲故事下场模式示范。

讲完故事后，应微笑，说总结语，之后鞠躬，以自然稳健的步态下台。

二、心理素质训练

1. 常见的心理状态问题

1) 紧张怯场状态

怯场，也叫表演焦虑。怯场的人常会出现出汗、发抖等，并产生紧张恐惧的情绪，导致大脑负责思想的部分无法正常运作，大脑空白。

2) 懈怠状态

为学前儿童讲故事以及技能大赛的讲故事比赛都带有现场表演性质，因此人应该处于一定的亢奋、紧张状态。如果亢奋不足或处于懈怠状态，则会松懈散漫、掉以轻心、情绪低落，降低自我要求并因此打不起精神，导致面部表情、体态动作、声音的感情色彩、情绪状态等各方面都不够饱满，从而影响故事讲述效果。

随着动机的减弱，对困难的感知则逐渐增强且深刻持久，于是偃旗息鼓，什么也不做了。由于懈怠，成功的体验越来越少，人的情绪就变得越来越糟，由此陷入恶性循环。

3) 过度兴奋造成的"应激现象"

与懈怠相反，有的人面对上场或者现场实况转播，容易因动机太强烈而兴奋过度，大脑一片混乱，不能清醒理智地做出反应，或者过早兴奋，到真正开始的时候却筋疲力尽了，这就是"应激现象"。

2. 讲故事时需要的心理状态

1) 自信

若想讲好故事，则必须要有自信的心理状态，表现为对自己要讲的故事了然于心，头脑清晰，精神集中，对故事的内容有独特的感受、深刻的领会。

2）积极

讲故事时要有积极的心理状态，临场精神状态是积极的、振奋的。

3. 心理素质训练的策略

(1) 选择前面的座位坐。

在各种活动中，一般选择坐在后排座位的人，都希望自己不会"太显眼"。怕受人注目的原因就是缺乏自信心，而坐在前面则能建立自信心。我们可以把它当成一个规则，平时参加各种活动时就尽量往前坐。

(2) 正视别人。

一个人的眼神可以透露出许多有关他的信息。不正视别人通常意味着自己不如对方，感到自卑，害怕对方。躲避别人的眼神意味着自己有罪恶感，做了或想到什么不希望别人知道的事，怕被对方看穿。这都是一些不好的信息。

正视别人等于告诉对方自己很诚实，而且光明正大。练习正视别人，可提高讲述者的心理素质。

(3) 当众发言。

拿破仑·希尔指出，有一些思路敏锐、天资高的人无法发挥他们的长处参与讨论，不是因为他们不想参与，而是因为他们缺少信心。

不论参加什么性质的会议，都要主动发言，可以是评论，也可以是提建议或提问题，而且不要最后才发言，要勇于作破冰船，第一个打破沉默。通过当众发言练习，讲述者的自信心能够得到增强。

(4) 怯场时，模仿内观法。

内观法是研究心理学的主要方法之一，这是实验心理学之祖威廉·华特所提出的观点。此法就是个人冷静地观察自己内心的情况，而后毫不隐瞒地说出观察结果。如能模仿这种方法，把时时刻刻都在变化的心理秘密毫不隐瞒地用言语表达出来，就能消除紧张心理。例如登台前，讲述者的内心难免会疑惧万分，这时不妨将此不安的情绪清楚地用语言表达出来，这样不但可将内心的紧张驱除殆尽，而且能使心情得到意外的平静。

(5) 用肯定的语气。

积极、肯定、鼓励性的语词、语气能唤起人相应的情绪情感体验，带来积极的心理暗示。反之，消极、否定、打击性的语词、语气能使人产生消极、否定、沮丧的情绪情感，带来负面的心理暗示，进而产生自卑心理和行为。所以，平时练习使用肯定的语气，可消除自卑感。

第二节　声音训练

故事讲述，声音是关键。要想讲好故事，讲述者必须掌握有声语音的发声技巧，学会训练和驾驭自己的声音。

讲故事时，要求发音准确，吐字清晰，声音洪亮饱满并富有穿透力和辨识度，音色优美动听并富有吸引力和感染力。

一、语音的物理性质

1. 音高（声音的高低）

音高即音的高度，是音的基本特征之一。声的本质是机械波，所以声速一定时，音的高低是由机械波的频率和波长决定的。频率高、波长短，则音"高"；反之，频率低、波长长，则音"低"。

2. 音强（声音的强弱）

音强是一个客观的物理量，其常用单位为"分贝"。比如，闹市区的音强约为70分贝，一般住宅区的音强约为40分贝等。在音乐体系中，音强是由机械波振幅的大小决定的，两者成正比关系，振幅越大则音越"强"，反之则音越"弱"。

3. 音长（声音的长短）

音长是由发声体振动持续时间的长短决定的。

4. 音色（声音的特色，也可以说是语音的本质）

不同声音表现在波形方面总是与众不同的，不同的物体振动都有不同的特点。不同的发声体由于其材料、结构不同，发出声音的音色也不同。例如，钢琴、小提琴和人发出的声音不一样，不同的人发出的声音也不一样。因此，可以把音色理解为声音的特色。

二、发声训练

1. 发声训练要点

(1) 放慢速度，适当停顿。

讲故事时，有效的声音技巧是"停顿的力量"。很多人站在听众面前都会感到紧张，所以越讲语速越快，越讲声音越高，中间没有丝毫停顿，导致听众紧张疲累。放慢速度、适当停顿是讲故事时增强声音感染力的有效手段。有意识地放慢语速甚至适当停顿，能增强声音的表现力、感染力，流露出讲述者自信的魅力，故事的重要内容也易于彰显。

(2) 声音让每个人都能听清。

不论有多少听众，讲述时要做到让声音能传达到离讲台最远的那一排听众，这样才会吸引场上每个人的注意力。

(3) 声音富有力量。

人的声音就像肌肉，通过练习和使用可以变得更加强壮。通过不断练习，许多人可以塑造自己的声音，让原本小声小气的声音变得更有穿透力、震撼力。要想塑造声音、增强震撼力，一个好的方法是大声朗读诗歌、绕口令。

(4) 音量要适时变化。

强调某一点的时候，音量要大、力度要强，这样，听众才会更加关注和重视。如果所讲的事情比较敏感，或者比较煽情，则要放低音量，语气要更亲切。讲故事时应力求使自己的声音高低起伏，跌宕变化，富有层次感。

(5) 让声音和喉咙处于最佳状态。

声音是用来讲述和说服他人的工具，在讲述时要确保声音和咽喉处于最佳的状态。如果讲述的时间较短，可以减少进食，因为这能保证讲述者在讲述时充满活力，头脑清醒，使大脑处于最佳工作状态。如果讲述的时间较长，则要吃得好，因为这样才会保证讲述者的声音有力度，且保持头脑清醒。

2. 发声训练方法

声音好不好听可以从清晰度、温度和音色这三个角度来评价。说话不像唱歌，清晰度不高会让人没有耐心听完；声音听起来"暖"会增加他人的好感度；每个人的音色都不一样，没有好坏之分，要保留自己的特色，学会扬长避短。

在训练时可以借助一些工具记录和纠正自己的发音，如镜子、录音设备、笔记本等。具体训练方法如下：

(1) 网上观看学习播音主持专业口部操训练视频，每天练习30分钟，坚持不懈，训练基本发声，塑造坚实的声音基础。

(2) 坚持说普通话，力求吐字清晰，发音准确，声音立体饱满，字正腔圆。

(3) 每天坚持朗读经典儿童文学作品(故事、诗歌、散文、绕口令等)并录音，反复回放寻找自己发声问题并纠正。

(4) 经常收听或观看电台、电视台尤其是少儿频道主持人的节目，注意观察、揣摩其发声特点并且反复模仿练习，在长期的熏陶中逐渐改善音质、锻炼发声技巧。

■ 第三节　语感训练

语感是原始的语言感知，是一种对言语的直接而单纯的感觉，是比较直接、迅速地感悟语言文字的能力，也是语文水平的重要组成部分。它是对语言文字分析、理解、体会、吸收全过程的高度浓缩，是一种经验色彩很浓的能力，涉及学习经验、生活经验、心理经验、情感经验，包含着理解能力、判断能力、联想能力等诸多因素。

故事讲述的语感训练的内容很丰富，主要有重音训练、停连训练、语气训练、语调训练和语速训练，有助于讲述者更好地把握故事内容，表达丰富的故事情感。

一、重音训练

重音是指为了表意的需要，朗读时着意强调或突出的词、短语甚至音节的读音。同样一句话，说话时重音不同，强调的意思也不一样。例如下面的语句(粗体字为要重读的字)：

小鹿为什么追小狗？(强调动作主体)

小鹿**为什么**追小狗？(强调原因)

小鹿为什么**追**小狗？(强调行为方式)

小鹿为什么追**小狗**？(强调动作主体的行为对象)

1. 重音分类

重音可分为语法重音和强调重音。

1) 语法重音

语法重音是用平常说话的自然音量按照语法结构的特点读出来的重音，也称自然重音。常见的语法重音有主语重音、谓语重音、宾语重音、定语重音、状语重音、补语重音等。

(1) 主语重音示例：

花开了，**蝴蝶**们都过来了。

商人的船渐渐靠近河岸了。

谁的垃圾没有清理？

(2) 谓语重音示例：

因为天黑得很早，小兔已经**回家**了。

一只蜜蜂从花丛中**飞**出来。

(3) 宾语重音示例：

在老头的家乡，有一处荒废的**庙宇**。

房间里面竟然藏着丢失的**钱包**。

(4) 定语重音示例：

这间屋子有个**神奇**的传说。

外婆送给我一个**漂亮**的发卡。

(5) 状语重音示例：

大灰狼**悄悄地**走到小白兔身后。

小牛和小羊一起**开心地**唱了起来。

(6) 补语重音示例：

小羊收到的生日礼物多得**数不清**。

洒水车把所有道路洗得**干干净净**。

2) 强调重音

强调重音是为了突出语意或表达某种强烈感情而特别发出来的重音，一般由说话人的意图和情感决定。常见的强调重音有比喻性重音、对比性重音、拟声性重音、递进性重音、转折性重音等。

(1) 比喻性重音示例：

蝴蝶飞起来的时候，像**花朵**一样。

老师是勤劳的**园丁**。

(2) 对比性重音示例：

老牛那样**高大**，它看河水当然很**浅**；松鼠那样**矮小**，一点水就能把它淹死，它当然说**深**了。

小羊吃了一惊，温和地说："亲爱的狼先生，**我**怎么会把**您**喝的水弄脏呢？**您站在上游**，水是从**您**那儿流到**我**这儿来的，不是从**我**这儿流到**您**那儿去的。"

(3) 拟声性重音示例：

"咚咚咚"，是谁来敲门了？天还下着大雨呢。

(4) 递进性重音示例：

"妈妈，你看，**那些花**好像孔雀的羽毛。"小田鼠说。

"那是浮萍。"田鼠妈妈说。

(5) 转折性重音示例：

大森林里有个湖，是个梦湖，在梦湖里翻腾嬉戏的**不是**鱼虾，**而是**梦。

肥皂汽车**不是**冒黑烟，**而是**冒肥皂泡。

2. 重音的表达方法

1) 重音重读

重音重读需要加强音量，加重语气。加重语气而强调某个重音时，必须把次重音和非重音相对放低或减弱，才能显示出强调的效果。

比如：

房间里面竟然藏着丢失的**钱包**。

2) 重音轻读

重音轻读需要降低音量，减弱气息，通过声音的虚实变化来强调重音。为了表达某种情感，可以适当采用虚声来强调这个重音，使情感得以充分展现。

比如：

"嗨哟——"**爬上去**！

"嘻嘻——"**跳下去**！

"哈哈——"**弹起来**！

3. 重音的具体练习

(1) 朗读故事《狼和小羊》，按照所标出的粗体字选择适当的重音表达方式。

狼来到小溪边，看到小羊正在那儿喝水，**狼**非常想吃小羊，就**恶狠狠**地说："你把我**喝的水**弄脏了，你安的**什么**心？"小羊吃了一惊，温和地说："我怎么会把您喝的水弄脏呢？您站在**上游**，我站在下游，水是从**您那儿**流到我这儿来的，不是从**我这儿**流到您那儿去的。"

狼**气冲冲**地说："我听说去年你在**背地里**说我的坏话！"

可怜的小羊喊道："啊？亲爱的狼先生，那是不会有的事儿，去年，我**还没有**生下来呢！"

狼不想再争辩了，**龇**着牙**逼近**小羊："说我坏话的不是你，就是你爸爸，反正都一样！"说着就往小羊身上**扑去**。

人们要想做坏事儿是不难找到借口的。

(2) 自选儿童文学作品，分析其重音所在位置，并选择适当的重音表达方式朗读或讲述。

(3) 欣赏优秀的动画配音作品，分析其重音处理，并进行模仿练习。

二、停连训练

停连中的停是指停顿，连是指连接。停连可以使表达的内容层次结构更加分明，讲述者可以借停连之际换气，听众也可以在此时去体味对方说话的内容及思想感情。

阅读下面几句话，仔细体会不同停连表达的不同语意。

下雨天，留客天。留我不？留。　　　下雨天留客，天留我不留。

中国队战败美国队，获胜。　　　中国队战败，美国队获胜。

停顿可分为语法停顿（根据表达内容的多少或标点符号来决定停顿时间的长短）和心理停顿（根据言语主体的意图和情感等心理需求在没有标点符号的地方停顿）两种。实际上为使全篇故事能够完整流畅地表达，不能孤立地、静止地、局部地进行各种停连关系的解剖，要按照文义、文气、文势来处理停连。

1. 停连符号

常见的停连符号如下：

✓（挫号）——停顿时间短，用于没有标点符号的地方。

∧（停顿号）——停顿时间稍长，如果用在有标点符号的地方，表示停顿时间再长一点。

≈（间歇号）——停顿的时间更长，一般用于层次、段落之后。

＿（连接号）——只用于有标点符号的地方，表示缩短停顿时间，连起来讲述。

～～（延长号）——用于任何词、词组后边，表示声音的延长。

2. 具体停连练习

(1) 按标注的停连符号，进行《小猪变干净了》停连练习。

有一只／小猪，长着／圆圆的脑袋，大大的耳朵，小小的眼睛，翘翘的鼻子，胖嘟嘟的／身体，真可爱！可他／就是／不爱干净，常常／到垃圾堆里／找东西吃，吃饱了／就在泥坑里／滚来／滚去，滚得／浑身／都是／泥浆。≈

小猪／想去／找朋友。他一边走一边"哼哼哼～～，哼哼哼～～"地叫着。小猪／走着走着，看见／前面有只小白兔，它对小白兔说："我和你／一块儿玩儿／好吗？"小白兔／回头一看，原来是／小猪，就说："哟！～～是小猪，看你／多脏啊！快去／洗洗吧，洗干净了／我再和你玩儿。"小猪／不愿意／洗澡，只好／走开了。他走着，走着，走到／草地上，碰到／一只小白鹅。小白鹅，真美丽，红红的／帽子，白白的／羽毛。小猪高兴地说："小白鹅，我和你／一块儿玩儿／好吗？"小白鹅说："哟！～～是小猪，看你／多脏啊！快去／洗洗吧，洗干净了／我再和你玩儿。"≈

小猪看了看／自己的身上，可不，∧满身／都是／泥浆，泥水还在"滴答，滴答"地往下滴呢！小白鹅又说："走，我带你／到河边／去洗个澡吧！"小猪跟着小白鹅／来到小河边，小白鹅"扑通～～"跳进河里，用清清的水泼～～呀泼，泼在／小猪的脸上、身上。小猪用／清清的水洗～～呀洗，洗得／干干净净的。≈

小白鹅／高兴地说："呀～～，小猪变干净了，我们一起玩儿吧！"小白兔／看见小猪变干净了，也走来跟他玩儿了。小猪跟朋友们／玩儿得／可～～高兴啦！

(2) 自选儿童文学作品，结合所学知识标出停连符号并进行讲述练习。

三、语气训练

1. 不同感情的语气表达要点

1) 欢快

表达欢快的感情时，气息要充沛，声音要响亮，声音听起来要清脆悦耳。比如：

"妈妈，我也想玩！"小田鼠高兴坏了，他跟着妈妈一起蹦跳。浮萍的叶柄都是鼓鼓的、膨胀的。小田鼠在上面跳来跳去，弹得好高。

"妈妈，真好玩！"小田鼠大笑起来。

2) 自夸

表达自夸的感情时，气息要充沛，声音要略高，语气听起来要有骄傲的意味。比如：

不过，最惬意的还是西瓜小姐。出太阳时，她就躺在瓜地里睡大觉；下雨天她就待在绿叶房子里，听雨打叶子的声音：哗啦啦！滴滴答答！美妙极了！

3) 生气

表达生气的感情时，气息要粗壮，声音要生硬，语气听起来要有发火的感觉。比如：

猴子跳起来，向野猫冲去，大声叫着："不准欺负小白鼠！"

4) 夸赞

表达夸赞的感情时，气息要充沛，声音要甜美，语气听起来要有赞美的意味。比如：

"哇，多神奇的地方！"小精灵激动地叫起来。

他跑到大树下，咚咚咚地蹦跳："好高大哦！"

他走到草地上，嗒嗒嗒地踩脚："好柔软啊！"

他趴到小河边，哗啦啦地玩水："好舒服哟！"

5) 嘲笑

表达嘲笑的感情时，气息要略短促，声音要尖厉，语气听起来要有讽刺的感觉。比如：

有一只猴子，只有皮球那么高，大家都笑它："真小，真小，小不点儿。"

狮子嘲笑道："真是笑话，本大王力大无比，还会需要你的帮助？快走吧，别让我再看到你！"

6) 急迫

表达急迫的感情时，气息要短促，声音要尖锐，语气听起来要有紧急的感觉。比如：

"哎哟，我的腿，我的腿好疼。"第二天一大早，保姆怪兽真的被玩具车绊倒了，她躺在地上，呻吟了起来。

7) 惭愧

表达惭愧的感情时，气息要略细弱，声音要迟缓，语气听起来要有不好意思的感觉。比如：

它（小蚕豆）对小男孩、小青蛙和老奶奶说："谢谢你们，我以后再也不取笑别人了。"

小猴羞愧地低下了头，小声地说："小熊，对……对不起，是我不小心弄坏的，我……我会赔给你的！"

8) 疑问

表达疑问的感情时，气息要细弱，声音要欲连还断，语气听起来要有欲说还休的迟疑。比如：

"河马先生，您知道这是谁的物品吗？"熊太太拿起眼罩问。

小蝌蚪半信半疑："这真的是我们的妈妈吗？"

9) 害怕

表达害怕的感情时，气息要上提，声音要凝滞，语气听起来要有胆怯的感觉。比如：

小黑獾吓得直打哆嗦，他用带着哭腔的声音说："我们出不去了，我们被困在洞里了，我们见不到爸爸、妈妈了！"

10) 劝诫

表达劝诫的感情时，气息要充足，声音要缓慢，语气听起来要有语重心长的感觉。比如：

熊妈妈知道后对小熊说："孩子，吹牛会害了自己的，你一定要记住这个教训呀！"

乌龟说："每个人都有长处和短处，以后你不要自大了！"

2. 具体语气练习

(1) 尝试就同一句话用不同语气表达不同的人物性格以及思想感情。

针对灰太狼的经典语句"我一定会回来的",请用灰太狼、红太狼、小灰灰、喜羊羊、美羊羊、沸羊羊、懒羊羊、慢羊羊等不同角色的语气来说这句话。注意分析角色,琢磨不同身份、不同性格、不同性别、不同年龄的角色应该用什么样的音质以及语气等声音形式来表达不同的感情色彩。

(2) 根据绘本故事《是谁嗯嗯在我的头上》里两句结构性重复的经典语句——小鼹鼠台词"是不是你嗯嗯在我的头上?"和各种小动物的回答"不是我,我的嗯嗯是这样的!",在人物性格、情感节奏分析的基础上试着用不同音色、音高、音调以及语速来塑造不同的语气,使整个故事在讲述过程中更生动。

(3) 反复朗诵"我会记住你的"这句话,尝试变换语气,赋予其坚定、讽刺、轻蔑、愉快、自信、诚恳、友好、热情、强硬、自以为是、漠不关心、不耐烦等不同的感情色彩。

四、语调训练

语调就是说话的腔调。它不仅指语音的升降,而且与重音、停顿也有密切关系。

1. 语调的分类

1) 升调

升调一般用来表达昂扬的情绪,语流运行状态由低到高,句尾音强而向上扬起,调子由平到高,常用来表示疑问、反问、惊异、号召等语气。比如:

是谁遗忘在这里的吧!会是谁呢?熊太太一下子就想到了长颈鹿先生,他有一个令人印象深刻的长脖子。可是,长颈鹿的脖子太长了,这么短的围脖根本不够用。

"也许这是他的眼罩!"熊太太立刻打电话到长颈鹿先生的房间。

"谢谢熊太太,那不是我的眼罩。我所住的大草原上危机重重,我得时刻保持警惕,每次睡觉只有几分钟,所以我是用不到眼罩的,请问问其他动物吧!"

2) 降调

降调一般用来表达较稳定的情绪,语流运行状态由高到低,句尾音弱而下降,调子先平后降,常用来表示肯定、感叹、请求等语气。比如:

她看了看,多么漂亮的宝石啊!

3) 平调

平调一般用来表达沉稳的情绪,语流运行状态基本平直,句尾和句首差不多在同一高度,调子基本保持同样的高低,常用来表示叙述、严肃、冷淡等语气。比如:

你喜欢怎样就怎样吧。

4) 曲折调

曲折调一般用来表达复杂、激动的情绪,语流运行呈起伏曲折状态,调子或由高到低再扬起,或由低到高再降下,或起伏更大,常用来表示含蓄、讽刺、弦外之音等语气。比如:

"你长得这么美?(弦外之音)可是怎么没人夸你呀?(讽刺)"

2. 具体语调练习

(1) 利用绕口令《骑马轰牛》进行语调训练。

妈妈骑马，马慢，妈妈骂马。舅舅搬鸠，鸠飞，舅舅揪鸠。姥姥喝酪，酪落，姥姥捞酪。妞妞轰牛，牛拗妞妞扭牛。

(2) 查找并欣赏优秀绘本(如《我的情绪小怪兽》《母鸡萝丝去散步》)的不同版本配音，体会不同的人在说同一句话时，尽管其思想内容和情感色彩基调相同，但因语调上的不同处理和音色差异，也会给人带来不同的听觉感受。同时对查找的优秀作品进行模仿练习。

五、语速训练

语速是指口头语言变化的快慢速度，也是一种使语言更有表现力的重要手段。

语速可以分为快速、中速、慢速。快速一般用于表述欢快、激动、紧张、惊惧、质问、斥责等情感的句子，或是讲述突然变化转折的情节。中速一般用于表述记叙、说明、议论的句子，语句的感情基本变化不大。慢速多用来表达沉重、悲痛的情感，或者是叙述平静、庄重的情况。

1. 语速的功能

1) 烘托不同的故事氛围

故事内容如果是快乐、热烈、紧张的部分，可以选择用略快的语速来表达；故事内容如果是沉闷、悲伤、庄重的部分，则适合用较慢的语速来表达。

2) 突出故事内容的发展变化

讲故事时，根据故事内容选择不同的语速，可以更好地突出故事内容的发展变化，增强故事的听赏性。比如讲述《咕咚来了》时，早晨的湖边景色用中等语速来表达，突然出现的"咕咚"声使故事情节变得紧张神秘起来，用略快的语速传达这种紧张和神秘的色彩能使故事张力得到体现。大象的问话、狐狸气喘吁吁的回答和青蛙的疑问选择用较慢的语速，故事的紧张到这里得到舒缓，儿童的情绪也随之得到舒缓，并引出儿童的疑问"这个神秘的咕咚到底是什么？"。

3) 区别不同角色的性格特点

故事中有许许多多的角色，这些角色的语速可以有不同的表现，如年幼者讲话速度略快，开朗活泼、勇敢机智者或狡猾奸诈者讲话速度宜快，年长者、威严者或愚昧迟钝者讲话速度宜慢。比如：故事《小兔子找太阳》中小兔子的语速可以略快，表达其活泼可爱的情绪；兔妈妈的语速可以略慢，表达年长者的稳重；其他叙述部分可以用中等语速表达。这样的表达能够生动、形象地反映角色的性格特点，增强故事的听赏性。

2. 具体语速练习

(1) 搜寻简短的儿童故事素材，如《聪明的乌龟》《耳朵上的绿星星》或者截取故事片段，在熟悉内容并能背诵的基础上按照一分钟 180 个音节的速度完整、生动地讲述。

聪明的乌龟

一只狐狸，肚子饿得咕咕叫。他东跑西跑，看见一只青蛙正在捉害虫，心里想："先拿这只青蛙当点心，填填肚子也好。"狐狸轻轻地一步一步跑过去，再跑两步就捉到青蛙了，可是，青蛙在捉害虫，一点也不知道。这事让乌龟看见了，他急忙伸长了脖子，一口咬住狐狸的尾巴。"哎哟！哎哟！谁咬我的尾巴？"狐狸叫了起来。乌龟回答了吗？没有，它张嘴说话不是就放了狐狸吗？乌龟不说话一个劲地咬住狐狸的尾巴不放。

耳朵上的绿星星

森林音乐会开始了。第一个上台表演的就是小松鼠。幕布一拉开，台下所有的观众都惊呆了：小松鼠今天晚上真漂亮呀！他的两只尖尖的小耳朵上方有两颗绿莹莹的小星星！啊，小松鼠从来没有这么漂亮过！小松鼠的歌唱得那么好听，满天的星星都出来了，眨着眼睛静静地听。他们看见小松鼠耳朵上方的两颗星星，悄悄地说："啊，原来地上也有星星，还那么漂亮！"谁也没有看出来，小松鼠耳朵上方的绿星星，就是两只萤火虫，连小松鼠自己也不知道。

(2) 自由选取 520 字左右的儿童故事，分析其语速，在三分钟时间内完整生动地脱稿讲述。

故事讲述技巧训练视频

全国职业院校技能大赛学前教育专业幼儿故事讲述项目的考核标准

【本章思考练习】

1. 体态语训练的种类有哪些？
2. 简述语音的物理性质。
3. 发声训练可以从哪些方面着手？
4. 语感训练包括哪些方面？

第十二章　幼儿园语言教育活动说课的基础理论及流程

```
                                                      ┌─ 说课的含义
                                                      │
                                                      ├─ 说课与讲课的异同
                                                      │
                       幼儿园语言教育活动说课的基础理论 ─┼─ 说课的意义
                                                      │
                                                      ├─ 教师说课时应注意的事项
                                                      │
                                                      └─ 说课应遵循的原则
幼儿园语言教育活动说课的基础
理论及流程
                                                      ┌─ 说教材
                                                      │
                                                      ├─ 说幼儿
                                                      │
                                                      ├─ 说活动目标
                                                      │
                                                      ├─ 说活动准备
                                                      │
                       幼儿园语言教育活动说课的基本流程 ─┼─ 说教法
                                                      │
                                                      ├─ 说学法
                                                      │
                                                      ├─ 说活动过程
                                                      │
                                                      ├─ 说活动延伸
                                                      │
                                                      └─ 说活动反思
```

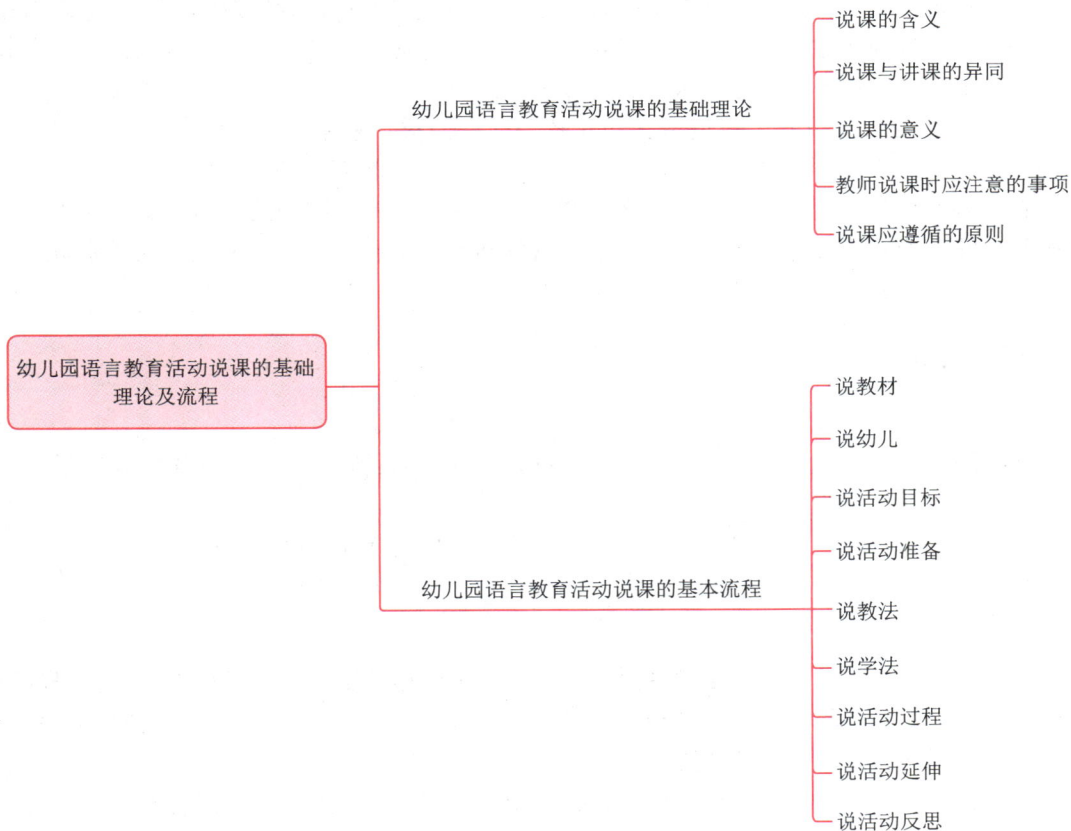

　　新时代学前教育的发展对幼儿教师专业素养提出了挑战，幼儿教师从知识的传递者转变为儿童学习发展的支持者和促进者，从教学任务的完成者转变为儿童教育生活的同构者，从教育活动的实践者转变为教育实践的研究者，教育科研活动尤其园本教研活动成为其工作常态，带有反思、分享及研讨性质的说课就变成新时代幼儿教师的基本职业素养。

第一节　幼儿园语言教育活动说课的基础理论

一、说课的含义

说课是教师对具体课题的教学设想及理论依据的口头表述。通俗地讲就是要说清目标、教什么、怎么教、为什么这么教。说课以说为主，是教师对教案的分析和说明，是一种以口头叙述为主的教案分析。

说课是一种教学研究活动，它要求教师以幼儿园教育目标、教育理论、教材为依据，针对某一课题的自身特点，结合教育对象的实际情况，口头表述该课题教学的具体设想、设计及理论依据。

说课是教师在备课或做课的基础上，对领导、同行或评委主要用口头语言讲解具体课题的活动设想及其依据的一种教研活动，它是教师将教材理解、教法及学法设计转化为具体活动的一种课前预演、课后反思，是督促教师进行业务学习和教育教学研究、提高业务水平的重要途径，也是评估教学水平的有效手段。

近些年高校职业技能大赛也耦合幼儿教师岗位需求，紧跟幼儿园教改动向，设定了"教育活动设计"赛项，要求选手根据给定材料设计一个教育活动的主题网络——围绕某一主题开展系列教育活动的结构图，选取其中一个子主题制订详细的活动方案，并在限定的时间内就主题网络设计意图、整体目标及具体活动方案展开说课。可见，说课能力的主阵地已经从入职之后的岗位锻炼演变成职前培养。

二、说课与讲课的异同

1. 相同点

(1) 背景相同。无论说课或讲课，其前提都是对幼儿年龄特点和已有知识经验的了解，对语言教育共同目标的把握。

(2) 内容来源相同。说课和讲课的内容都来源于同一活动内容。

2. 不同点

1) 目的不同

讲课的目的是使幼儿理解活动内容，针对活动中渗透的美德、正确行为、社会规范等内容对幼儿进行品德教育，培养其相应的情感，促进其社会性的发展，进而发展其能力，即不仅使幼儿学会，而且使幼儿会学。

说课的目的则是向领导、评委或者同行介绍一次活动的活动设想，使听者在听懂的基础上进行评价，提出改进建议，以便教师个人进行反思调整，促进专业发展，进而提高园所教育质量。

2) 内容不同

讲课的内容是教师依据幼儿园教育活动目标和已有的知识经验而选择的内容，并根据具体的内容和幼儿身心发展特点设计和组织幼儿参加相应的活动。

说课的内容是教师不仅要说清楚活动设计的具体内容，而且要说清楚怎么做、为什么这样做。

3) 对象不同

讲课的对象是幼儿；说课的对象是成人，是领导、同行或评委。

4) 方法不同

讲课是教师与幼儿的互动活动，是实施教育活动方案的过程；说课是教师讲解教育活动方案的过程，是在实施教育活动之前或之后进行的。

5) 评价内容不同

讲课的评价内容主要是幼儿的行为表现；说课的评价内容是教师的整体素质。

3. 说课注意事项

(1) 说课以说为主，是教师对教案本身的分析和说明，是一种以口头叙述为主的教案分析。

(2) 说课的核心在于说理，在于说清为什么要这样教。

(3) 说课的重点在于突出和解决活动重点，突破活动难点。

三、说课的意义

1. 提高教研活动实效

说课一般是在教育活动实施之前或之后进行的。说课的目的是讲课教师向有关领导、同行阐明自己的活动设计意图、方法和内容，征求他们的意见和建议，以便发现活动设计的缺陷，改进活动的方法、内容，提高教育质量。

教研活动时也可以请有经验的教师就某一主题活动进行说课，目的是让听课教师更加明确应该怎样去组织活动、为什么要这样做，从而使教研活动主题明确、重点突出，提高教研活动的实效。

另外，幼儿园也可以通过组织同一年龄班级的教师针对某一活动主题进行说课，以便统一活动意图、探讨活动方法、提高活动效率。

2. 提高教师备课质量

说课可以使教师在知其然也知其所以然的基础上，有目的地撰写活动设计，不再是机械地编写活动的目的、准备和过程等，而是在相应的幼儿教育理论基础上设计活动，从而从根本上提高教师备课的质量。

3. 提高教育活动质量

通过说课，教师得到了领导和同行的不同意见和建议，可以使其厘清活动的思路，进一步明确活动的重点、难点，克服活动设计中的缺点，提高教育活动质量。

4. 提高教师自身素质

(1) 说课要求教师具备一定的理论素养，这就促使教师不断地去学习学前教育的专业理论，提高自己的理论水平。

(2) 说课要求教师用语言把自己的活动思路及设想表达出来，这就在无形中提高了教师的语言组织能力和表达能力。

(3) 说课要求教师有较强的理论联系实际的应用能力。说课在对教师提出要求的同时，也提高了教师的素质。

四、教师说课时应注意的事项

说课的过程是教师通过生动、有趣和形象的语言，借助相应的肢体动作，将静态的说课稿变成动态的画面展示给听者，吸引和影响听者的过程。

为了高质量地完成说课任务，教师在说课时应注意以下问题。

1. 组织清晰的说课结构

教师应在把握相关主题活动内容的条件下，组织清晰的说课结构，做到"说主不说次""说大不说小"和"说精不说粗"。

2. 确定准确的活动目标

目标确定后，说课的整体安排都要服从于活动目标。教师可以根据活动目标分析活动的重点和难点，选择解决重点、突破难点的活动和方法，以及培养幼儿创新能力和动手操作能力的策略。在设计活动目标时，教师一定要注意活动的主体是幼儿，一定要围绕幼儿来设计。

3. 设计服务于目标的活动

整个活动过程是师幼互动的过程，应体现幼儿的主体性。每个活动环节的设计都要与活动目标相呼应，使目标落到实处，不搞形式。活动过程中要体现解决重点、突破难点的活动环节和具体方法。前面设定的教法和学法要在活动过程中有所使用。

4. 语言表述自然、流畅

在说课的过程中，教师应注意避免过于死板的说课方式，如："第一，说教材；第二，说学情……"这样给人的感觉像是在做报告，不自然。教师可以自然地过渡，比如在教材分析、学情分析后，要确定目标时，可以这样说："基于对教材的理解和学情的分析，我将本次活动的目标定位为……""下面我侧重谈谈对这次活动重难点的处理……"

5. 不要宣读说课稿

说课不是宣读说课稿，更不是课堂教学的浓缩，应省略具体的细节而着重"说"清活动过程的基本思路及理论依据，该详则详，该略则略，主次分明，重点突出。让听者听完后能够立即明白整个教学思路。

6. 展示自信

教师要富有激情、自信地说课并体现个性风采、展示人格魅力。

既然是说课，说的成分很重要。特别是在说活动过程时，教师可以采用丰富的表情和形象的语言模拟向幼儿提出问题，从而使得说课更加生动形象。同时，教师要针对自身特点，扬长避短，体现个性。比如擅长演唱的老师可以在必要之处示范演唱儿歌，擅长故事讲述的老师可以模拟讲述故事中的精彩片段，擅长手工的老师可以示范手工作品的制作过程等。科学、完整的思路，精彩、形象的讲述和准确、恰当的示范保障了教师高质量地完成说课任务。

五、说课应遵循的原则

1. 科学性原则

科学性原则是教师组织教育活动应遵循的基本原则，也是说课应遵循的基本原则，它是保证说课质量的前提和基础。科学性原则对说课的基本要求主要体现在以下几个方面。

(1) 对活动主题的理解要正确、透彻。

说课中，教师不仅要从微观上明确活动内容的内涵和外延，做到准确无误，更重要的是要从宏观上正确把握本次活动在整个主题活动中的地位和作用、本次活动内容的知识结构体系，深刻理解它们之间的关系。

(2) 对幼儿的分析要客观、准确。

说课中教师要了解幼儿的最近发展区，从幼儿理解本次活动内容的原有基础和现有困难两个方面进行分层次的、客观的、准确的分析，为采取相应的对策提供可靠的依据。

(3) 对活动目标的定位要科学、全面。

教师要依据《幼儿园教育指导纲要 (试行)》《3 ～ 6 岁儿童学习发展指南》的要求，结合活动主题的目标、幼儿的年龄特点和已有的知识经验分析本次活动的目标。

(4) 对教法、学法的选择要恰当、有效。

教师在选择教法时应结合活动的目标，以有利于发展幼儿的认知、情感和能力为最终目的，突出重点和难点的解决方法及依据，体现幼儿的主体性，具有较强的可操作性。

2. 理论联系实际的原则

理论联系实际的原则是说课活动的灵魂。在说课活动中，教师不仅要说清其活动的构想，还要说清其构想的理论与实际两个方面的依据，将学前教育理论与活动实际有机地结合起来，做到理论与实践的高度统一。

(1) 体现学前教育基本理论依据。

在说课中，教师对教材的分析应以学前教育基本理论为依据，对教育活动内容和环节的设计、对教法的选择都应以学前教育学、儿童发展心理学理论为指导，力求所说的内容言之有理、言之有据。

(2) 教法和学法的设计应有理论依据。

在实施教育活动时，为了解决活动的重点、突破难点、达成活动目标，教师都会采取科学、有效的教法引导幼儿积极主动地学习。但是，教师只是注意了对教法本身的探索、积累与运用，而忽视了将其总结、上升到理论高度并使之系统化、规律化，从而淡化了其实践的科学性。为了体现教法和学法的科学性，教师在说课时，应尽量对自己采用的每一种教法提出理论依据。

(3) 理论与实践要有机统一。

在说课中，教师既要避免空谈理论、脱离实际的侃侃而谈，又要避免只谈实施教学活动过程不谈依据的经验总结，还要避免为增加理论色彩而张冠李戴、理论与实践不一致的现象。一方面，教师要根据具体实践活动寻找针对性的理论依据；另一方面，教师要在理论的指导下设计有效的教育活动。

3. 实效性原则

说课的目的是通过教师阐述自己的活动思路，在短时间内集思广益，以便教师及时反思，克服活动缺陷，优化活动过程，提高活动质量。因此，实效性就成了说课活动的核心。为了保证说课的实效性，应做到如下几点。

1) 目的明确

说课有检查、研究、评价、示范等多种目的。一般来说，检查性说课主要用于领导检查教师的备课情况；研究性说课主要用于同行之间切磋教法；评价性说课主要用于教学评比、竞赛活动；示范性说课则是为了给教师树立说课的样板，供其学习、参考。在开展说课活动前，教师首先要明确说课的目的，以便做好相应的准备工作。

2) 针对性强

针对性强主要是就检查性和研究性两种说课活动而言的。检查性说课主要是评价教师的工作态度、专业知识、教学能力和教研能力；研究性说课主要针对承上启下的活动、难度较大的活动、结构复杂的活动以及教师之间意见分歧较大的活动等开展的活动。只有加强了说课的针对性，才便于教师和评课者做好相应的准备，使问题得以集中研究与解决。

3) 准备充分

说课前教师、评课者都要围绕本次说课活动的目的进行系统的准备，做到有的放矢，教师还要写出条理清楚、有理有据、重点突出、言简意赅的说课稿。

4) 评课准确

评课要科学准确、指导性强。教师完成说课任务后，参加评课的人员要积极发言抓住理论上的重大问题和活动中带有倾向性、普遍性、规律性的问题进行重点评说，并针对问题提出可操作性的建议。

4. 创新性原则

说课是深层次的教研活动，是教师将活动构想转化为具体活动之前的一种解说，也可是做公开课、示范课之后对设计、组织实施教学活动思路及理论依据的阐释。学前教育专业在校生作为未来的幼儿教师，说课是对其职业岗位需求、职业岗位工作真实情境的模仿和初步感受体验。从说课的目的来讲，其本身具有集体备课的性质，尤其是研究性说课，其实质就是集体备课，在说课活动中，教师一方面要立足自己的教学特长、教学风格，另一方面要抓住同行、专家参与评说、众人共同研究的良好机会，树立创新的意识和勇气，大胆假设，小心求证，探索出新的思路和方法，从而不断提高自己的业务水平，进而提高教学质量。只有在说课中不断发现新问题、解决新问题，才能使说课活动永远新鲜、充满生机和活力，因此创新性原则是说课活动的生命线。

第二节　幼儿园语言教育活动说课的基本流程

说课的基本流程包括说教材、说幼儿、说活动目标（包括重点、难点）、说活动准备、说教法学法、说活动过程（重点环节）、说活动延伸、说活动反思等。

目前幼儿园教研活动、高职院校职业技能大赛教育活动设计项目有要求说设计意图的趋势和倾向。设计意图要求说清楚活动的缘起，机缘际会之下教师通过什么样的活动达到什么目的，使儿童发生何种变化，解决儿童生活面临的什么问题。其实质是活动发生契机、活动设计理念及过程、结果的简要综述。

一、说教材

说教材就是教师通过分析所选活动主题的内容特点，指明它在整体或主题网络活动中的地位。因此，教师首先必须说清楚此次活动的内容是什么及为什么要选择这些内容，要说明教材的选择是基于当时、当地幼儿群体的需要。如果在选材方面涉及地域特色或者幼儿园特色，教师则要更加突出说明，以此来体现园本课程的特色。幼儿园教育活动内容和教材不是同一概念，活动内容来源于教材，但不局限于教材。

例如对大班语言活动"春天在哪里"和中班语言活动"晒太阳"的教材分析如下所述。

【例 12-1】说教材"春天在哪里"（大班）。

"春天在哪里"是大班语言领域的教育活动，该活动是大班"美丽的春天"主题活动中的一次诗歌活动。春天到了，我们的周围充满了春的气息，小草开始变绿，花儿含苞欲放，小河开始苏醒，天空变得蔚蓝，生机盎然的春天就这样来了，我和孩子们一起在园内散步，吹着柔暖的春风，嗅着扑鼻的花香，尽情地感受一路歌唱而来的柳绿桃红的春天，"美丽的春天"活动主题由此产生。在此主题之下，我又设计了"春天的景色""春天的植物""春天的变化"和"春天的人物"一系列活动。"春天在哪里"是"春天的景色"活动的重要组成部分。

【例 12-2】说教材"晒太阳"（中班）。

诗歌《晒太阳》语言朴实、短小精悍，是一首优美的儿童诗，它以清新的语言、形象生动的比拟描述了大自然与太阳之间和谐美妙的联系，唤起了幼儿对大自然的热爱和喜爱太阳的情感。这朗朗上口的诗歌能很快吸引幼儿的注意力，源于生活的题材能丰富幼儿的生活经验，也符合中班语言教学目标中提出的"让幼儿理解简短的文学作品内容，初步感受其语言美，培养幼儿的想象力、口语表达能力"的要求，因此适合中班教学。

诗歌鲜明的结构特点，拟人化的语言风格，给幼儿清楚明了的记忆和想象线索，便于幼儿理解和感受，能够充分发挥幼儿的想象力。重复性的结构形式便于幼儿记忆与仿编，通过仿编活动，可以发展幼儿的语言表达能力和思维能力，还能提高幼儿与同伴交流的能力，促进幼儿社会性的发展。而我们中班幼儿有了一定的生活经验，他们能观察到身边事物的各种变化，同时他们的语言能力也有了很大的发展，能基本讲清楚自己所看到的事物及其变化。

【附素材】《晒太阳》

小草晒太阳，穿上绿衣裳。

稻子晒太阳，穿上黄衣裳。

苹果晒太阳，穿上红衣裳。

娃娃晒太阳，身体才健康。

二、说幼儿

说幼儿就是简要分析幼儿的年龄特点、身心发展状况、原有知识经验和基础技能的掌握情况，以及非智力因素如幼儿的兴趣、动机、行为习惯、意志等。在这一环节中，教师要将平时对幼儿观察的零散印象，逐步条理化、明晰化，有针对性地表述出来，这样既能更清楚地了解幼儿，又能使教师将幼儿发展水平与教学活动设计的关系紧密联系起来，以此作为确定活动目标、选择活动内容和方法的依据，使教育活动有效地促进幼儿的发展。

例如某教师对大班语言活动"彩色的雨"的幼儿分析如下所述。

【例 12-3】说幼儿"彩色的雨"（大班）。

我班幼儿的口语表达能力较好，他们表达事物连贯、具体、口语化。进入大班以来已学会了一些散文，如《云彩和风儿》《叮咚叮咚的琴声》等，对散文的语言美和意境美有了一定的感受，具备了学习散文的一定基础。但是，由于幼儿年龄小，生活经验贫乏，对事物的理解能力较弱，尤其对散文中用精练的语句所表达的画面的理解有一定的困难。因此，让幼儿学会用散文中的优美语句来回答问题，可以更好地发展幼儿的口语表达能力，培养幼儿的艺术思维能力。同时，我班幼儿的动手操作能力较强，为了发扬幼儿动手能力强的优势，本次活动我也选择了动手操作的内容，引导幼儿通过发挥想象来恰当选用各种材料制作"彩色的雨"，以此来展现雨中情景，体验散文优美的意境。

说幼儿的注意事项：加强平时观察，观察幼儿在日常活动如生活活动、游戏活动和教育活动中的表现，在观察中了解幼儿。

三、说活动目标

活动目标是活动设计的重要环节，它既是教育活动设计的起点，又是教育活动设计的终点。说活动目标时，若是主题网络活动，要先说主题活动的目标，再说本次活动的目标。教师可以从情感、认知、能力三方面综合阐述活动目标，并体现主题教育要求。最后还要分析确立此目标的依据。目标确定之后，教师要根据幼儿的年龄特点和已有的知识经验分析本次活动的重点和难点，并确定解决重点和突破难点的具体措施。

在这一部分，教师注意既要有陈述，又要有分析。

例如对大班语言活动"毕业诗"和中班语言活动"晒太阳"的活动目标分析如下所述。

【例 12-4】 说活动目标"毕业诗"（大班）。

活动目标是教学活动的起点，也是教学活动的归宿，对活动起着导向作用。根据教材分析和幼儿年龄特点，我制订了以下目标：

(1) 认知目标：初步理解诗歌内容，学习朗诵诗歌。

(2) 能力目标：在配乐朗诵中，感知、理解诗歌的意境。

(3) 情感目标：理解诗歌中表达的感激、依恋的情感，增进做小学生的自豪感。

本次活动的重点是理解诗歌中表达的感激、依恋的情感，理解诗歌内容。我将通过理解提问的方式来解决重点。

本次活动的难点是感知理解诗歌的意境。我将利用音乐等手段对幼儿进行情感熏陶，从而突破难点。

【例 12-5】 说活动目标"晒太阳"（中班）。

《幼儿园教育指导纲要（试行）》中指出："引导幼儿接触优秀的儿童文学作品，使之感受语言的丰富和优美，并通过多种活动帮助幼儿加深对作品的体验和理解。"根据教材分析和幼儿年龄特点，我制订了以下目标：

(1) 理解诗歌的内容，大胆朗诵诗歌。

(2) 引导幼儿观察周围事物，想象事物之间的关系。

(3) 运用添画，学习仿编诗歌。

中班幼儿的理解能力和模仿能力较强，语言发展比较好，但让他们将自己的生活经验用诗歌的形式表现出来还是有一定难度的，为培养幼儿的口语表达能力和创造性思维能力，确定活动的重点为理解、掌握诗歌内容，难点为学习仿编诗歌、发展创造性思维、培养口语表达能力。因此，学习按诗歌的内容仿编句子既是本次活动的重点也是本次活动的难点。

说活动目标的注意事项：

(1) 根据主题网络中一级主题的活动目标分析本次活动的目标。

(2) 注意目标表述的角度要一致，目标表述要具体简洁，以 2 ～ 3 个为宜。

(3) 目标要与相关的活动相结合，避免以学习过程的方式表述目标。

四、说活动准备

幼儿园教育活动准备包括知识经验准备、物质准备和环境准备。

1. 知识经验准备

知识经验准备主要是指幼儿积极主动地参与本次活动并顺利完成活动任务应具备的知识经验、能力、兴趣和需要。

2. 物质准备

物质准备包括活动前的准备 (家长工作、社区协调、环境创设、资料收集、幼儿园活动等)、活动中的准备 (即有关玩具、教具，如幼儿用书、课件、教学挂图等)。

3. 环境准备

环境准备是指所创设的主题活动环境，包括场地的选择、墙面和地面的布置等。

活动准备的目的是教师引导幼儿通过与环境、材料的相互作用来促进幼儿的发展。因此，活动准备必须与幼儿的能力、兴趣、需要等相适应。

例如某教师对中班语言活动"晒太阳"的活动准备分析如下所述。

【例 12-6】说活动准备"晒太阳"(中班)。

为了使活动的趣味性、综合性、活动性协调统一，寓教育于生活情境、游戏之中，特做以下活动准备。

(1) 知识经验准备：教师在活动前利用散步、谈话引导幼儿观察太阳和我们的关系。

(2) 物质准备：与诗歌内容有关的课件；各种各样简笔画每人一张、蜡笔若干；《晒太阳》的动画视频、背景音乐。

五、说教法

说教法就是教师要说明怎样教、为什么要这样教。教学方法是教师有效地传递信息、指导幼儿的途径。说教法主要是说明在本次活动中教师将采用的教学方法、运用的教学手段以及这样做的原因，要着重说明自己独创的做法，特别是培养幼儿创新精神和实践能力的具体做法。说教法时，教师注意要以教材的特点、幼儿的实际、教师的特长以及教学设备情况等来作为选择某种方法或手段的依据。

幼儿园教育活动中常用的教学方法有启发式教学法、情境教学法、活动操作法、暗示教学法、发现法、电教演示法、交流讨论法、审美熏陶法等。

例如对大班语言活动"毕业诗"和中班语言活动"晒太阳"的教法分析如下所述。

【例 12-7】说教法"毕业诗"(大班)。

《幼儿园教育指导纲要 (试行)》指出："教师要成为幼儿学习活动的支持者、合作者、引导者。"本次活动为了体现教师与幼儿的交互主体性，我主要运用了三种教学方法。

(1)情境教学法：活动中通过创设问题情境，激发幼儿兴趣，唤起幼儿已有的生活经验，更好地感知诗歌的内容和意境。

(2)提问法：适当的问题有助于活跃幼儿的思维，启发学习，有利于幼儿获得新知识和发展智力。活动中，我通过提问加深幼儿对诗歌的理解和记忆。

(3)直观教学法：通过 PPT 课件，利用形象的教具，使幼儿建立形象思维，可大大调动幼儿学习的主动性。

【例 12-8】说教法"晒太阳"（中班）。

遵循"幼儿是通过自由观察、积极探索进行学习的"这一认知发展规律，为了给幼儿今后独立学习、独立思考奠定基础，本次活动运用的方法有：倾听表述法、趣味游戏法、视听讲结合法、探索仿编法，这些教学方法交替使用、互相补充，并配合使用意境优美的背景音乐、教师亲切自然的激励性语言、自由宽松的学习氛围等，初步培养幼儿对文学作品的感受力、欣赏力和理解力。

说教法的注意事项：要根据教材的特点、幼儿的实际、教师的特长以及教学设备情况等来说明选择某种方法或手段的依据。

六、说学法

教师在说学法时要说出活动中幼儿怎样学习、依据是什么；自己在活动中如何激发幼儿的学习兴趣，引导幼儿主动、积极地探索；还要说出如何根据幼儿的年龄特点和已有的知识经验开展教育活动，在活动中遵循了哪些教育教学规律。 幼儿在活动中常用的学法有多通道参与法、体验法、操作法、小组合作法、观察法等。

例如某教师在大班语言活动"我喜欢的车"中是这样说学法的。

【例 12-9】说学法"我喜欢的车"（大班）。

为了让幼儿的学习具有实效性，我采用的学法主要有：多感官参与法、体验法。

(1)多感官参与法：《幼儿园教育指导纲要（试行）》提出，要让幼儿能用多种感官动手动脑、探究问题，用适当的方式表达、交流探索的过程和结果。通过系列情境，支持幼儿用多种感官去学习、探究，增进对各种各样的汽车的认识。

(2)尝试法："做中教，做中学，做中求进步。"鼓励幼儿大胆尝试运用不同的材料设计各种汽车，使他们的想象能力、动手能力得到充分的发挥。

说学法的注意事项：

(1)说明幼儿要怎样学的问题和为什么这样学的道理。

(2)理解案例中教师是如何激发幼儿的学习兴趣并引导幼儿主动、积极地探索的。

(3)领会案例中教师所采用的方法，如教师是怎样根据班级特点和幼儿的年龄、心理特征，运用哪些教育教学规律指导幼儿进行学习的。

七、说活动过程

活动过程是说课的重点部分，它反映了教师的教学思想、教学个性与风格，只有通过对活动过程设计的阐述，才能了解教师的活动安排是否合理、科学，是否具有艺术性。

说活动过程就是说明整个活动的流程，即各个活动环节的实施过程。活动步骤的安排、方式方法的选择必须以达成活动目标为目的。整体活动目标的达成以整体教育活动的实现为前提，但是具体的活动目标要通过具体的活动来实现，某一活动环节可以实现一个或多个目标，某一目标也可以通过一个或多个具体的活动来实现。因此，教师必须分解活动目标，并分析各层次活动目标与各步骤及方式方法之间的适应关系。如果设计的活动要延伸，教师需说出延伸的方法、延伸的作用、延伸的依据。这一部分内容可以反映出教师对本班幼儿发展水平的掌握程度及对促进幼儿在不同水平上发展的理解认识与实践，还可以体现教师因材施教、实施个别教育的能力。

活动过程可以分为开始部分、基本部分和结束部分。

1. 开始部分

主要任务是稳定情绪、集中注意力、激发兴趣、导入活动。在集体教育活动中，教师常用以下几种方法导入新内容。

1) 以旧引新法

在新教学活动开始之时，教师可采用先前学过的教学内容来引导幼儿思考新的活动内容，从而促使幼儿将新旧知识有机地联系起来，降低幼儿接受新知识的难度。

例如，在大班主题活动"节日"中，教师要导入的新教学活动是"春节"。

【例 12-10】说导入"我喜欢的节日——春节"（大班）。

孩子们，上周我们认识了中秋节，知道了它的时间、起源、习俗以及传说等，今天我们要认识春节，大家知道我们要认识春节的哪些内容吗？春节也有很多有趣的内容，你们想不想具体了解春节呢？

2) 情境导入法

从新教学活动的需要出发，教师可运用图画、音乐、游戏、故事等创设与本次活动内容相适应的情境，使幼儿身临其境、感同身受，从而引发幼儿积极的情感体验，主动参与新的教学活动。

例如，在中班语言活动"三只蝴蝶"中，教师根据《三只蝴蝶》的故事情节，创设了导入情境。

【例 12-11】说导入"三只蝴蝶"（中班）。

孩子们，班里飞来了三只美丽的小蝴蝶，它们会做些什么呢？你们想知道吗？现在，就请大家仔细听、仔细看。（三位分别戴着红、黄、白颜色蝴蝶头饰的幼儿以蝴蝶飞舞的样子出现在其他幼儿面前。）

孩子们，在你们中间还有三朵美丽的小花呢！（三位分别穿着红、黄、白颜色衣服的幼儿向其他幼儿点头示意。）

3) 教具导入法

根据活动内容的需要，教师可通过呈现实物、模型等教具，引导幼儿进行观察并提出问题，从解决问题入手，自然地过渡到新的活动中。

例如，在小班阅读活动"小猴过生日"中，教师围绕核心内容"过生日"设计了如下导入环节。

【例 12-12】说导入"过生日"（小班）。

教师出示蛋糕模型（上面插有 5 根红色蜡烛）后，引导幼儿猜猜今天谁要过生日，过几岁生日。

带着这些问题,幼儿观察探索的欲望被激发出来。

说活动过程(开始部分)的注意事项:

(1) 设计幼儿园教育活动的导入环节时应注意幼儿的年龄特点和兴趣需要。

(2) 注意活动的主题特点以及活动的情境。

(3) 注意导入时间不宜过长,以免影响基本活动的开展。

2. 基本部分

教育活动的基本部分是解决活动的重点、难点并达成活动目标的部分。 一般来讲,教师在说活动过程的基本部分时应注意做到以下几方面。

(1) 应说清总共有几大环节及各环节的主要目标。

(2) 应分环节讲清教什么、怎样教的问题,即如何保证教学目标的达成,如何保证重点、难点的突破,如何保证所有幼儿最大限度地达成目标。这要从选择什么教学方法来突破教学的重难点,如何引导幼儿学习,如何帮助幼儿在情感、认知、能力等方面获得提高,为什么这样教几方面来说。对于重点环节,诸如运用什么教学方法突破重难点要细说,一般环节的内容则可少说,尽量避免流水账式的说法。

(3) 应掌握说活动过程的方法。教师可以把整个环节的安排先说出来,再逐环节细说;也可以把一个环节的内容说完后,再依次说下一环节的内容,环节之间的过渡要自然。

(4) 要避免说活动过程中易出现的问题。例如,活动过程过于简单;教师只讲清楚某个环节做什么,没讲清楚怎么做、为什么这样做。

例如,在大班语言活动"毕业诗"和中班语言活动"晒太阳"中,对于活动过程的基本部分,教师进行了如下分析。

【例 12-13】说活动过程"毕业诗"(大班)。

根据教材分析和幼儿年龄特点,结合教学目标,我设计了以下四个环节。

(1) 教师创设问题情境,引发幼儿回忆三年幼儿园生活的感受。

提出以下问题:再过一个月你们就要毕业了,你们心里有什么感受?你们最想说什么呢?在幼儿园和老师、小朋友在一起,你们是怎样的心情?三年幼儿园的学习、生活,你觉得自己什么地方长大了、进步了?

(2) 教师调动幼儿欣赏诗歌的愿望。

引导幼儿:有个小朋友把自己的感受写成了一首诗,我们来听听吧。

(集体欣赏配乐诗歌《毕业诗》。教师边朗诵诗歌边出示 PPT,帮助幼儿理解诗歌。)

引导幼儿理解诗歌内容:诗歌里说了什么?我们忘不了什么?我们要和谁说再见?将来离开幼儿园了,想念老师可以来看看老师,还可以将你小学的成绩告诉老师。

(3) 教师带领幼儿学念诗歌。

提问:你们想不想学说这首诗歌,念给关心你们的老师听?

(教师可以采用集体跟念、分段轮流念、轻声念、大声念等方式引导幼儿学习这首诗歌)。

(4) 感受诗歌意境,有感情地朗诵。

提问:这首诗歌听起来有什么感受?你觉得用什么风格的音乐做背景更合适?

(教师播放舒缓、轻柔的音乐,带动幼儿再次朗诵诗歌。最后引导幼儿边做动作边朗诵诗歌。)

【例12-14】说活动过程"晒太阳"(中班)

本次活动,以《幼儿园教育指导纲要(试行)》为指导,从"理解—感受—体验"三个部分,由浅入深,从理解到感受,使幼儿已有经验与新经验之间建立有机联系,让幼儿在互动式、开放式、直观式的教育活动中,自主地、能动地、创造性地学习。为了让幼儿真正理解并学会仿编,我将活动设计成了两大部分。

第一部分:通过幼儿直观地看、听、想,教师启发式地运用课件,理解诗歌的内容。

第二部分:提供幼儿一定的参考,让幼儿在添画的基础上学习仿编句子。

具体安排如下所述。

第一环节:提问导入,出示课件灰暗色的背景和不健康的小草、稻子、苹果、娃娃的图片。

设计提问:这里怎么是灰灰的?小草、稻子、苹果和娃娃它们怎么啦?

(让幼儿进行讨论,目的是让幼儿说出这是没有太阳的原因,知道太阳对人类和自然界的作用。)

第二环节:欣赏诗歌,目的是让幼儿对诗歌内容有所了解。

第三环节:教师一边朗读诗歌,一边演示课件,让幼儿从视觉上直观地接触到诗歌的内容,以及小草、稻子、苹果和娃娃的形象变化。

设计提问:有了太阳的照射它们发生了怎样的变化呢?

第四环节:幼儿跟老师有感情地朗诵诗歌,目的是感受理解诗歌。

设计提问:小草、稻子、苹果各自穿了什么样的衣裳?为什么这么说?

(目的是让幼儿知道有了太阳的照射小草变绿了、稻子变黄了、苹果变红了,用了拟人化的手法,像是穿了不同颜色的衣服一样,这样的描述更符合中班幼儿的年龄特点。)

讨论:为什么说娃娃晒了太阳才健康?

(以小组形式讨论,最后选代表说出自己的看法,教师再进行小结,目的是让幼儿知道我们也是要晒太阳的。)

第五环节:进行添画,仿编诗歌。目的是让幼儿发挥想象,联系实际,运用已有的生活经验去大胆地发现身边其他东西和太阳的关系。在引导幼儿进行仿编诗歌的同时,提供各种与太阳有密切关系的图片,让幼儿进行大胆的添画,引起幼儿的思考,让幼儿在探索中自主地学习,突破活动的难点。

设计提问:那你们知道还有什么东西是离不开太阳的照射的,它们得到照射后会有什么变化吗?

(教师提供给幼儿已勾好线的画,让幼儿根据实际去给它们进行添画,主要是添不同的颜色,如葡萄(紫色)、天空(蓝色)、桃花(粉红色)等。待幼儿完成作品时,教师与幼儿进行趣味性互动游戏,使幼儿在游戏中发展、在游戏中学习。趣味游戏法恰恰是实现《幼儿园教育指导纲要(试行)》要求,激发幼儿想说、敢说愿望的最好途径。活动中,请幼儿根据自己添画的作品去扮演各种形象,教师扮演太阳,手拿一根魔术棒,当这根魔术棒点到哪位幼儿的时候,这位幼儿就说:"我是XX,穿上了X衣裳。"并做出生动形象的动作。在通过扮演角色游戏帮助幼儿理解诗歌内容的同时,激发幼儿的想象。

第六环节:播放《晒太阳》的音乐,让幼儿在音乐声中随意起舞,进一步懂得太阳带给我们人类和自然界的重要性，使幼儿产生对太阳的喜爱之情。

说活动过程（基本部分）的注意事项：

（1）按照活动的先后顺序说明每一环节的内容，重点说明主要环节的双边活动，以及活动难点和重点的突破。

（2）具体内容只需概括介绍，只要听者能听清楚教的是什么、怎样教就可以了，不必按照教案组织幼儿活动那样说。

（3）介绍活动过程时不仅要说活动内容安排，还要说清为什么这样教的理论依据（包括《幼儿园教育指导纲要（试行）》《3～6岁儿童学习与发展指南》《课程标准》、教学法、学前教育学和学前心理学等）。

3. 结束部分

结束环节是一个完整的教育教学活动必不可少的有机组成部分。精心设计一个适宜而有效的结束方式很有必要。

结束活动的方式主要有以下几种。

1）以游戏方式结束

这是我们最常用和适用范围最广泛的结束方式。游戏为幼儿所喜爱，因而，在一些旨在让幼儿巩固、加深或是迁移所学内容的教育活动的结束部分，常采用此方式结束。

2）以评价方式结束

评价主要是将活动结果（包括知识技能的掌握情况，品德行为、个性品质的培养与发展情况等）反馈给幼儿，让幼儿的优点或不足能及时得到巩固或纠正，以利于幼儿身心更好地发展。评价工作可由教师、幼儿或师幼共同承担。常见的运用评价的方式结束教育活动的有以评价幼儿作品结束，以评价幼儿讲述语言活动的优点及存在的问题结束，以评价幼儿任务完成情况结束，以评价幼儿学习态度、参与的主动性及积极性表现程度结束等方式。

3）以小结方式结束

小结的目的是让幼儿对整个活动所涉及的应该掌握的知识或技能有较完整、较清楚的认识（印象）。例如，科学教育中的观察活动"认识小鸡"（小班），常以小结小鸡的主要外形特征和生活习性来结束本活动；语言教育中的诗歌、散文仿编活动，常以将幼儿所创编的内容进行串联小结的形式结束。

4）以表演方式结束

为使幼儿对整个活动内容有更深层次的理解、体验和感受，教师常用表演的方式结束活动。这种结束方式常见于幼儿文学作品教育活动。

5）以自然方式结束

在活动过程中，无须再另外设计专门的结束方式，而直接以简短的语言作简单的交代结束该活动。例如，幼儿阅读完绘本后，以请幼儿把绘本放在绘本区原来的位置，并交代想看的幼儿可以在自由活动等时间继续阅读来结束；有时也可以以交代幼儿将今天学的新本领回家后告诉爸爸妈妈，或留问题让幼儿回去思考等自然结束。

6）以复习方式结束

在新教授的活动内容快结束时，有时也可以采用复习已学过的相关内容结束。这种方式常见于语言教育中的诗歌活动、音乐教育中的唱歌活动等。

例如，中班语言活动"树叶"，教师设计了这样的结束活动。

【例 12-15】说活动结束《树叶》(中班)。

接下来我们要来做个表演游戏，老师扮演秋风阿姨，小朋友扮演小动物捡树叶，每个小动物捡到树叶后要模仿刚才我们学习的诗歌的语句，对小树叶说一句话。

八、说活动延伸

延伸活动，简单地说，就是围绕一个活动，在知识、情感和技能上进一步激发幼儿的兴趣，使学习活动更加深入，目的是进一步发展幼儿的相关知识、情感和技能。延伸活动不是摆设，也不是装饰，它是集体教育活动重要的组成部分，是幼儿一日生活重要的内容，教师要精心设计延伸活动，并保证活动实施的有效性。

1. 延伸活动的意义

1) 保证教育活动的整体性

设计延伸活动是为了保持教育活动的完整性、连贯性以及与其他领域教育活动的整合渗透性，以便更好地保证幼儿学习的完整性、连贯性。幼儿园教育活动具有整体性。一日活动的各个部分应相互联系，这样才能更好地把前面的活动和后续活动连接起来。现在，很多幼儿园都将主题活动作为教育内容的载体。主题活动是由相互关联的一系列教育活动，如专门的集体教学活动、游戏活动、生活活动和家园社区活动组成的。为了更好地体现各种活动的关联性和延伸性，需要用延伸活动把幼儿在园的一日活动与家庭、社区的活动紧密联系在一起，从而发挥家庭教育、幼儿园教育和社区教育的整体性与一致性。

2) 满足全体幼儿的需要

一次活动的时间、容量有限，不可能解决很多问题，也很难照顾到幼儿的个别差异，而且教师准备的材料有限，很难满足所有幼儿的兴趣和需要。而与教育活动有关的延伸活动则可以完成集体教育活动中不能完成的任务。例如，在小班科学探究活动"兔子爱吃什么"中，教师先让幼儿猜想兔子爱吃什么，然后让他们自己去验证。幼儿认为面包、青菜、萝卜、火腿肠、肉、牛奶等都是兔子爱吃的食物，但是，教师没有准备火腿肠、牛奶，幼儿无法进行验证，而延伸活动可以较好地解决这个问题。

2. 延伸活动往哪延伸

1) 延伸到下一个活动

延伸到下一个活动可以使半日活动或者一日活动成为一个有机联系的整体。例如，在语言音乐综合活动"小树叶"中，孩子对歌词中描写的秋天树叶飘落的景象很感兴趣，教师就可以将延伸活动设计为带孩子去户外观察树叶，捡拾落叶，进行树叶分类或树叶粘贴活动。

2) 延伸到区域活动

区域活动既是集体活动的自然延伸，又能弥补其个体特点难以得到充分照顾的不足。集体教学活动在解决所有幼儿面临的共同问题、充分发挥教师的作用等方面确有优势，但其最大弊端是很难照顾幼儿的个别差异。难以满足每个幼儿的兴趣、需要，也就难以保证每个幼儿富有个性的发展。在师幼比较高的情况下，要解决这个问题，最有效的办法就是为幼儿创造一个立体的、多元的、丰富多彩的环境，幼儿可以按照自己的需要、兴趣与环境互动，获得有益的发展。若集体活动结束时仍有个别幼儿意犹未尽，为了满足其需要，教师可以让幼儿在区域继续学习探究。

3) 延伸到家庭活动

延伸到家庭可以真正实现教师与家长、幼儿园与家庭、家长与幼儿就某一学习任务或内容密切配合、家园共育，提供给幼儿深化巩固、表达表现、反复练习、体会成就感以及自信心等情绪情感的机会。

延伸活动的注意事项：

(1) 延伸的内容必须与活动主题的内容有关。

(2) 延伸活动的方式可以是一种，也可以是多种。

例如，某教师在中班语言活动"晒太阳"中是这样说活动延伸的。

【例 12-16】说活动延伸"晒太阳"（中班）。

《幼儿园教育指导纲要（试行）》中提出：为幼儿创设展现自己作品的条件，引导幼儿相互交流，相互欣赏，共同提高，满足他们交流成果的愿望。因此，我请幼儿把自己添画的作品在墙上展示出来，课后可以让他们相互欣赏，相互仿编，获得成功的满足感，并从与他人的交流中获得有益的经验，让每一位幼儿得到提高。

九、说活动反思

活动反思就是教师自觉地把自己的教育活动实践作为认识对象，进行全面而深入的思考和总结，解决教育活动中的问题，提高教育质量的过程。活动反思也是教师研究自己如何教、如何学以及在教中学、在学中教的过程。

1. 活动前反思

(1) 自己或他人以前在教授这一内容（或相关内容）时，曾遇到过哪些问题？如何解决？效果如何？

(2) 根据自己所教班级幼儿的实际情况，预测幼儿在活动中可能会遇到哪些新问题。针对这些新问题，可以采取哪些策略和方法？

2. 活动中反思

(1) 幼儿在学习重点和难点时出现了哪些意料之外的问题？你是如何妥善地处理这些问题的？

(2) 师幼之间、幼儿之间出现争论时，你是如何处理的？效果如何？

(3) 幼儿不能按要求回答问题时，你是如何调整原先活动设计的？

(4) 幼儿在课堂上讨论某一问题时，思维异常活跃，如果让幼儿继续讨论下去，就难以完成预定的教学任务。针对这一情况，你应如何进行有效的调控？

3. 活动后反思

这一阶段的反思主要是教师在课后对整个集体活动过程进行思考和回忆，理性地分析和总结自己的教学观念、教学行为、幼儿表现、教学的成功与失败之处，并进行追问。比如说亮点、说不足、说改进方向等。

例如，某教师在中班语言活动"晒太阳"中是这样说活动反思的。

【例 12-17】说活动反思"晒太阳"（中班）。

(1) 运用课件在有太阳和没太阳的不同情况下说明自然界的变化，刺激幼儿的视觉和审美观。

(2) 因为中班幼儿创编实际能力有限，故让幼儿通过添画来完成仿编，使每个幼儿都参与进来，大大降低任务的难度，使幼儿有满足感和自豪感。

(3) 师幼一起进行趣味互动游戏，增进师生的情感，也营造轻松的学习氛围。

具体的反思应体现在以下几个方面：

(1) 当课堂气氛沉闷时，你如何进行有效的调控？

(2) 哪些活动环节的内容没有按计划进行？为什么？

(3) 在活动过程中，是否出现了令你惊喜的"亮点"？出现的原因是什么？

(4) 如果你再教这个内容，如何更好地改进活动设计？

说课　　　　　　高职院校技能大赛幼儿园教育活动设计评分标准

【本章思考练习】

1. 幼儿园教育活动说课的基本流程是什么？

2. 教师说课时的注意事项有哪些？

3. 比较说课与讲课的异同。

参 考 文 献

[1]　张天军．学前儿童语言教育 [M]．上海：复旦大学出版社，2012.

[2]　张明红．幼儿语言教育活动与指导 [M]．上海：华东师范大学出版社，2014.

[3]　张加蓉，卢伟．学前儿童语言教育活动指导 [M]．上海：华东师范大学出版社，2009.

[4]　范玲．学前儿童语言教育 [M]．武汉：华中师范大学出版社，2013.

[5]　王文静，罗良．阅读与儿童发展 [M]．上海：华东师范大学出版社，2010.

[6]　孙鸿媛．论幼儿园早期阅读教育存在的问题及建议 [J]．学理论，2012(17): 265-266.

[7]　张地容．幼儿园早期阅读教学现状研究 [D]．重庆：西南大学，2009.

[8]　周兢．全语言教育与中国幼儿语言教育的本土化 [J]．幼儿教育，2002(Z1): 9-11.

[9]　周兢．关于幼儿园早期阅读教育活动的思考 [J]．幼儿教育，2009(34): 15-17.

[10]　斯诺·布恩斯·格里芬．预防阅读困难：早期阅读教育策略 [M]．胡美华，潘浩，张凤，译．南京：南京师范大学出版社，2005.

[11]　武建芬．学前儿童语言教育 [M]．天津：南开大学出版社，2013.

[12]　周兢．早期阅读发展与教育研究 [M]．北京：教育科学出版社，2007.

[13]　黄娟娟．认字、识字就等于早期阅读吗 [M]．广州：中山大学出版社，2006.

[14]　张明红．关于早期阅读的几点思索 [J]．学前教育研究，2000(04): 17-18.

[15]　虞永平．早期阅读与幼儿教育 [M]．合肥：安徽少年儿童出版社，2011.

[16]　张明红．给幼儿园教师的 101 条建议·语言教育 [M]．南京：南京师范大学出版社，2007.

[17]　黄怡然．我国早期阅读相关研究现状的文献调查与分析 [J]．现代教育科学，2009(02): 51-53，35.

[18]　买艳霞．幼儿教师故事讲述训练 [M]．上海：华东师范大学出版社，2020.

[19]　任明，韩燕．学前教育技能实训与考核指导 [M]．北京：教育科学出版社，2018.